Beautiful
Wordsearch

Beautiful *Wordsearch*

COLOR IN THE
DELIGHTFUL IMAGES
WHILE YOU SOLVE
THE PUZZLES

SIRIUS

SIRIUS

This edition published in 2020 by Sirius Publishing, a division of
Arcturus Publishing Limited,
26/27 Bickels Yard, 151–153 Bermondsey Street,
London SE1 3HA

ISBN: 978-1-83940-418-4
CH007973NT

Printed in China

HAPPINESS

```
        L E T                U U P
      C V I P H            L A R O A
    T O D E U E G        T N A R B I V
    L R A D C Q O I    I Y E S D O E
    A C E S N U N B    L I S S G L P
    E O R E E I A A    P E P J I J L
    M N D A H R K D    R L D M G O F
    Y O J E C B A S    T S K G F
    E I Y S T N E T    N O C L P
    Y R C X M X Q E    E E X E
      P L L L H G U A L
        P D A D E G S
          A C H A S
            H O L
              O
```

◊ BLISS   ◊ DELIGHT   ◊ JOY   ◊ PEACE

◊ CALM   ◊ GIGGLE   ◊ KIND   ◊ SMILE

◊ CHEER   ◊ HALCYON   ◊ LAUGH   ◊ TRANQUIL

◊ CONTENT   ◊ HAPPY   ◊ LOVE   ◊ VIBRANT

```
N A N I M U C P B W R I E
Z A L N D V Z T U E E F S
C O C O N U T U D H W N M
I L J E X W E N S S O N F
J O P B P V A A J A L E R
T T G F E I J E T C F Z F
V D H T R T X P G W N S X
L Y R O K O E D A G U C P
H L C I J H T L J N S O X
K T I D B T N T F F P B F
K E L D N U S L A P D N F
C X S Y T O A J Y N V U F
E U M I N X M O R B N T O
C O I E N C E L E R Y A D
D L S E S A M E A M R L Z
```

THE AUTUMNAL SEASON

```
N S C S E L B A T E G E V
D B K H E S U A G E S S A
F E P U E J E N C D T C C
E L R T A S I I E O K D R
F R O S T Y T E R A R E O
S I D W A U S N S R L N P
R H U D E G O E U Z E P S
E E C Y F R I A Z T E B E
D P E P D K S I E S S S I
I C G N S E R A T C C G S
P E A K E D A O H Z N N T
S J R H J D R I M U F K I
E A C F Y M L U F Y O V U
D L U D Y L U O S Y O L R
F A L M Y A Y G G O F J F
```

◊ ACORNS   ◊ DRIZZLE   ◊ GOLDEN

◊ BERRIES   ◊ FLOWERS   ◊ PRODUCE

◊ CHESTNUTS   ◊ FOGGY   ◊ SEEDS

◊ CHILLY   ◊ FROSTY   ◊ SPIDERS

◊ CROPS   ◊ FRUITS   ◊ STORMY

◊ DARK SKIES   ◊ FUNGI   ◊ VEGETABLES

TIME FOR BED

```
N E E M T V N B T H S U R B H T O O T
I Z B M A V L I B P Y F W A G U C U S
G O V E I A O G G B C O R I L B A S R
H O E S N T H H A H L N O D W I E K N
T N M K L O D L D L T B W R P N E P E
M S E S P U L E I R V D B L K K D O C
A T O O T U M P B P E S R R N U T A M
R H U K L O F B X J O A A E D W D U E
E U S E A R A N E S S D M L S A E D R
A M E R E L A T Y R I A F L E S M J S
```

◇ BEDTIME   ◇ DREAM   ◇ NIGHTDRESS   ◇ SLUMBER

◇ BLANKET   ◇ FAIRY TALE   ◇ NIGHTMARE   ◇ SNOOZE

◇ DARKNESS   ◇ LULLABY   ◇ PILLOW   ◇ TOOTHBRUSH

FLOWERS

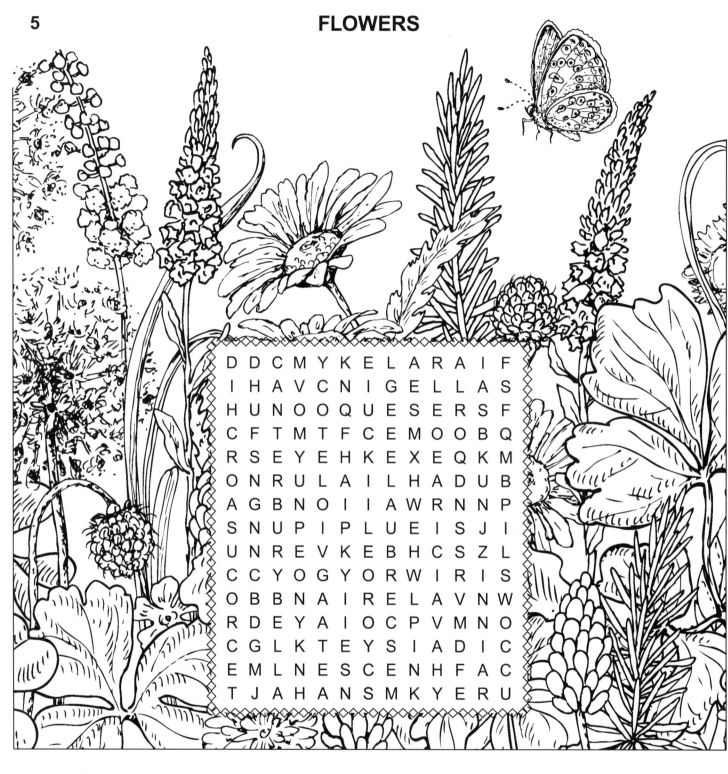

```
D D C M Y K E L A R A I F
I H A V C N I G E L L A S
H U N O O Q U E S E R S F
C F T M T F C E M O O B Q
R S E Y E H K E X E Q K M
O N R U L A I L H A D U B
A G B N O I I A W R N N P
S N U P I P L U E I S J I
U N R E V K E B H C S Z L
C C Y O G Y O R W I R I S
O B B N A I R E L A V N W
R D E Y A I O C P V M N O
C G L K T E Y S I A D I C
E M L N E S C E N H F A C
T J A H A N S M K Y E R U
```

◊ ANEMONE

◊ ANTIRRHINUM

◊ CANTERBURY BELL

◊ COWSLIP

◊ CROCUS

◊ DAHLIA

◊ DAISY

◊ IRIS

◊ LILY

◊ NIGELLA

◊ ORCHID

◊ OXLIP

◊ PEONY

◊ PINK

◊ STOCK

◊ VALERIAN

◊ VIOLET

◊ ZINNIA

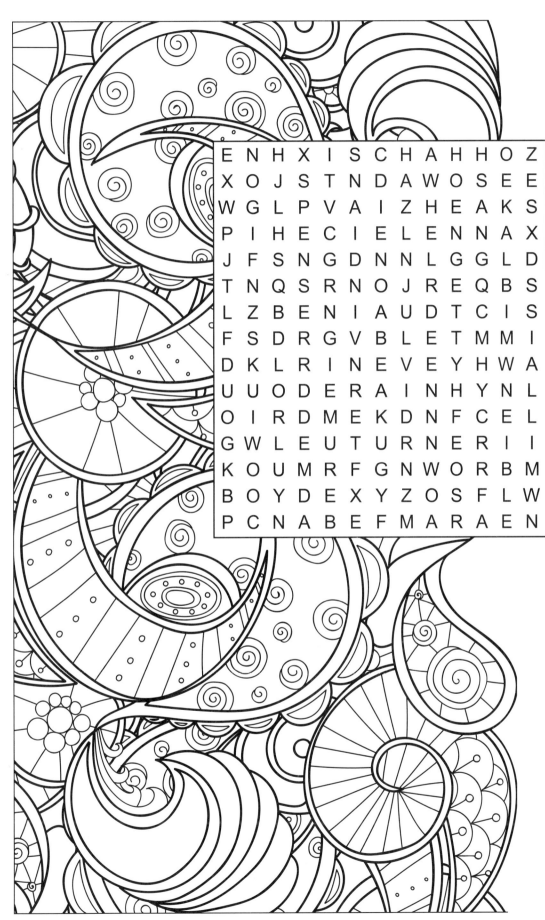

E	N	H	X	I	S	C	H	A	H	H	O	Z
X	O	J	S	T	N	D	A	W	O	S	E	E
W	G	L	P	V	A	I	Z	H	E	A	K	S
P	I	H	E	C	I	E	L	E	N	N	A	X
J	F	S	N	G	D	N	N	L	G	G	L	D
T	N	Q	S	R	N	O	J	R	E	Q	B	S
L	Z	B	E	N	I	A	U	D	T	C	I	S
F	S	D	R	G	V	B	L	E	T	M	M	I
D	K	L	R	I	N	E	V	E	Y	H	W	A
U	U	O	D	E	R	A	I	N	H	Y	N	L
O	I	R	D	M	E	K	D	N	F	C	E	L
G	W	L	E	U	T	U	R	N	E	R	I	I
K	O	U	M	R	F	G	N	W	O	R	B	M
B	O	Y	D	E	X	Y	Z	O	S	F	L	W
P	C	N	A	B	E	F	M	A	R	A	E	N

◊ BLAKE

◊ BOYD

◊ BROWN

◊ CELLINI

◊ DEGAS

◊ DERAIN

◊ DUFY

◊ DURER

◊ ETTY

◊ GIORGIONE

◊ GOYA

◊ MICHELANGELO

◊ MILLAIS

◊ MOORE

◊ NASH

◊ OLDENBURG

◊ SPENSER

◊ TURNER

CHOCOLATE

```
I E L B U O D C A E V V K
U B G K E B D P O R I C H
H S K G R R P H S C M Z K
L H M Q S A F E B W O S S
W H I T E V D S Q U E A F
V M G W C M F A O F L E W
R G A N L U B U Y G B D T
U E T O A H S C D B X R B
L C T L I Q R E J G U W R
S E O T R L A H Q F E D O
R L M C I I M Q F B F F W
A R N A H B V L N P O Y N
B B C Q R I E Q X V T O I
K L I M V A P U P Y K C E
C O O K I E C S O T R L S
```

◇ BARS   ◇ CHIPS   ◇ DOUBLE   ◇ MILK   ◇ TRUFFLE

◇ BITTER   ◇ COCOA   ◇ ECLAIR   ◇ RICH   ◇ WHITE

◇ BROWNIES   ◇ COOKIE   ◇ EGGS   ◇ SAUCE

◇ CARAMEL   ◇ DARK   ◇ FUDGE   ◇ SWEET

TOWNS AND VILLAGES OF LUXEMBOURG

```
C N R I D U B A N A F M T
R L E S S A R S H Y R H L
A D H G H U A R I E O C E
L E M C N B C A V H D R P
T G E E I I H V A D S I S
L N R V D M T G N Z E K R
I A E R B I E T G C O E U
N L A E S L N R E E G I R
S L P C S L B G R P I D T
T U L D E S A I E L R S F
E L O C N P C W C N A R Y
R R U M Z H H E N I O R T
F U G O E T Z I N G E N P
R E K C E H C S N U M E E
R E H C O N N E D N A I V
```

◇ ALTLINSTER
◇ ASSEL
◇ BIVELS
◇ BRACHTENBACH
◇ DIEKIRCH
◇ GOESDORF
◇ GOETZINGEN
◇ HAGELSDORF
◇ HIVANGE

◇ KOERICH
◇ LULLANGE
◇ MEDINGEN
◇ MUNSCHECKER
◇ NOCHER
◇ PETTINGEN
◇ REMICH
◇ TROINE
◇ URSPELT
◇ VIANDEN

T	I	A	F	R	A	P	S	O	O	A	K	W
S	W	A	L	O	O	U	S	E	V	V	L	T
L	E	C	L	A	I	R	S	B	O	M	J	T
C	N	L	I	S	S	E	M	N	O	T	E	G
O	A	V	O	L	V	A	P	I	H	B	N	N
O	P	P	A	R	B	H	J	N	R	E	F	I
K	I	J	P	R	E	Y	U	O	S	S	F	D
I	G	E	N	L	U	T	S	A	N	S	U	D
E	N	H	B	C	E	Y	I	V	T	U	D	U
S	A	D	O	L	V	P	O	F	I	O	M	P
C	R	U	M	B	L	E	I	G	O	M	U	I
Y	F	L	B	F	U	Y	N	E	U	R	L	F
P	K	L	E	A	D	N	U	S	Y	R	P	L
R	O	I	A	J	B	D	T	F	Y	E	T	U
O	H	F	S	N	B	R	E	A	M	U	P	K

PLUM DUFF
MOUSSE
PROFITEROLES
sorbet
KULFI CRUMBLE
frangipane
MESS
APPLE PIE
BOMBE sundae
COOKIES
PAVLOVA
YOGURT
PARFAIT
FLAN
ETON
pudding
eclairs

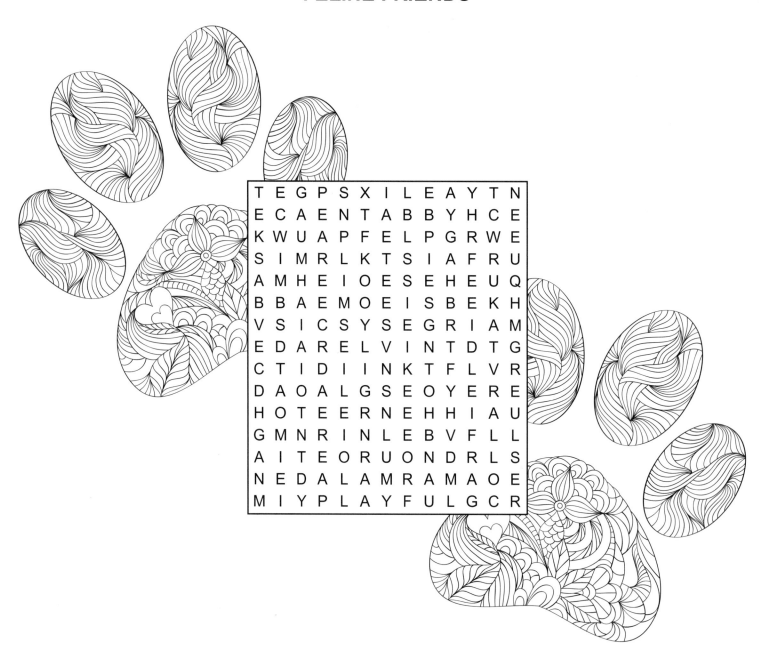

```
T E G P S X I L E A Y T N
E C A E N T A B B Y H C E
K W U A P F E L P G R W E
S I M R L K T S I A F R U
A M H E I O E S E H E U Q
B B A E M O E I S B E K H
V S I C S Y S E G R I A M
E D A R E L V I N T D T G
C T I D I I N K T F L V R
D A O A L G S E O Y E R E
H O T E E R N E H H I A U
G M N R I N L E B V F L L
A I T E O R U O N D R L S
N E D A L A M R A M A O E
M I Y P L A Y F U L G C R
```

- BASKET
- COLLAR
- CURIOSITY
- FLEAS
- GARFIELD
- GINGER
- GOOD EYESIGHT
- HAIRS
- KITTEN
- MANX
- MARMALADE
- NINE LIVES
- PAWS
- PLAYFUL
- QUEEN
- TABBY
- TAIL
- TOMCAT

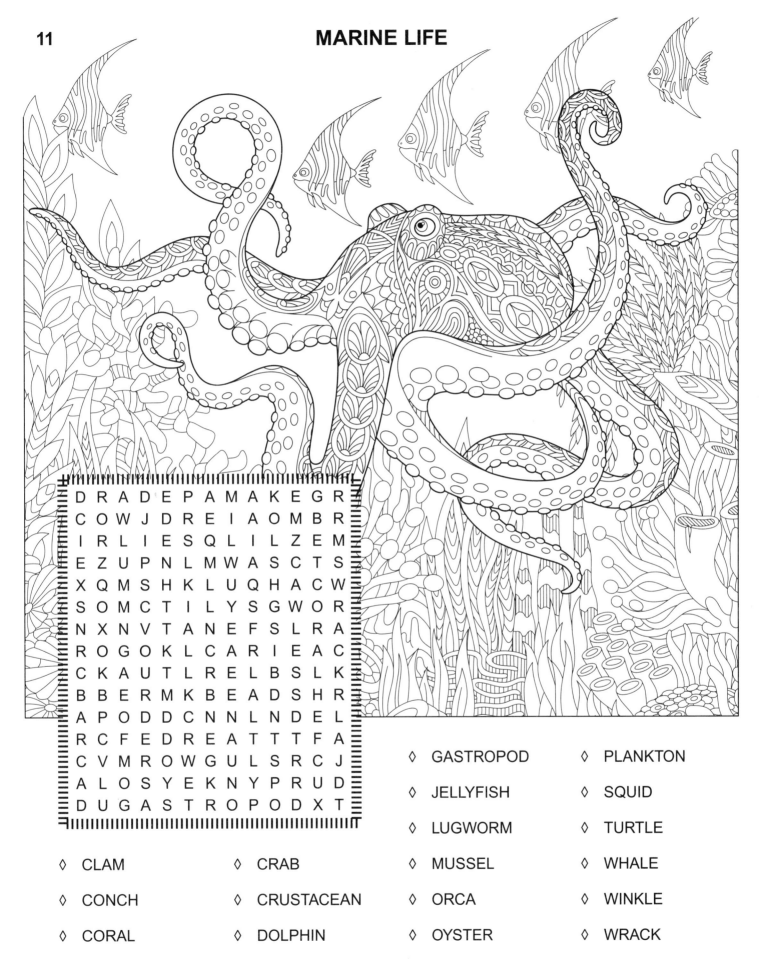

```
D R A D E P A M A K E G R
C O W J D R E I A O M B R
I R L I E S Q L I L Z E M
E Z U P N L M W A S C T S
X Q M S H K L U Q H A C W
S O M C T I L Y S G W O R
N X N V T A N E F S L R A
R O G O K L C A R I E A C
C K A U T L R E L B S L K
B B E R M K B E A D S H R
A P O D D C N N L N D E L
R C F E D R E A T T T F A
C V M R O W G U L S R C J
A L O S Y E K N Y P R U D
D U G A S T R O P O D X T
```

◊ GASTROPOD   ◊ PLANKTON

◊ JELLYFISH   ◊ SQUID

◊ LUGWORM   ◊ TURTLE

◊ CLAM   ◊ CRAB   ◊ MUSSEL   ◊ WHALE

◊ CONCH   ◊ CRUSTACEAN   ◊ ORCA   ◊ WINKLE

◊ CORAL   ◊ DOLPHIN   ◊ OYSTER   ◊ WRACK

ON SAFARI

- ◊ BABOON
- ◊ BINOCULARS
- ◊ BOOTS
- ◊ BUFFALO
- ◊ CAMERA
- ◊ CHEETAH
- ◊ CROCODILE
- ◊ GUIDE
- ◊ IMPALA
- ◊ JACKET
- ◊ JEEP
- ◊ MONGOOSE
- ◊ ORYX
- ◊ OSTRICH
- ◊ RHINOCEROS
- ◊ SUNSCREEN
- ◊ WARTHOG
- ◊ ZEBRA

```
C U A N D A H C H E T E B
L R A B L S D C J U S N T
D G O A T Z O E I I S E H
H E P O E B E A E R K A E
I M O B M P G D A C T A V
I B R R O C I L A E M S A
I A A P N U U J E E U E O
O T M E G C E H R N W L A
B A B O O N C A S A G I R
U H P N O U E C R A T D E
F K I C S L R T N A S O M
F B Y V E E H A G T R C A
A T E B E O T E Y Y E O C
L S E N G A O C X E Y R A
O S O R E C O N I H R C E
```

POSITIVE WORDS

```
Z E S T Y
C T N A I D A R E
H H O B R E E S Y V T
E I C N E N Y I I I H
G B R H C F Z Y V E T G Y
A O P E H E I A L A I I N
D U Y E E A C D E L S R N
T N A R B I V B E A O B U
M C B F O S P U E N P J S
Y C U B U O Y A N T L
V S L E N I U G N A S
E O P E R K Y O R
R U I P F
```

◊ BOUNCY

◊ BREEZY ◊ CHIRPY ◊ POSITIVE

◊ BRIGHT ◊ CONFIDENT ◊ RADIANT

◊ BUOYANT ◊ JOLLY ◊ ROSY

◊ CHEERFUL ◊ PERKY ◊ SANGUINE

◊ SUNNY

◊ UPBEAT

◊ VIBRANT

◊ VIVACIOUS

◊ ZESTY

WOODLAND CREATURES

```
K E S U O M D R A D O R T
W P C F C S A O F L E N H
A G P O E B D S W Y B E G
H S M I B D K O F F O X R
G L Q I N I Y K C T F H A
E U T U R E G D A B E B S
S G H Y I B M K Y D L E S
N P B I O R H A G C L O S
H U I A H A R E R B Y U N
W B R D O T H E P T U N A
S E A T E O V B L L E A K
O A A N G R I C O U S N E
A V P S O A K R I C I C R
W E S U E N U T H A T C H
L R R A L L I P R E T A C
```

◊ BADGER ◊ GRASS SNAKE ◊ PINE MARTEN

◊ BEAVER ◊ HAWK ◊ RABBIT

◊ BOAR ◊ HEDGEHOG ◊ SLUG

◊ CATERPILLAR ◊ MOUSE ◊ SPIDER

◊ DEER ◊ NUTHATCH ◊ SQUIRREL

◊ FOX ◊ OWL ◊ WEASEL

OWLS

- ◊ BARKING
- ◊ BARRED
- ◊ BOREAL
- ◊ BURROWING
- ◊ CHACO
- ◊ JAMAICAN
- ◊ LAUGHING
- ◊ LITTLE
- ◊ MARSH
- ◊ MOTTLED
- ◊ PYGMY
- ◊ SCOPS
- ◊ SCREECH
- ◊ SNOWY
- ◊ SOOTY
- ◊ SPECTACLED
- ◊ SPOTTED
- ◊ TAWNY

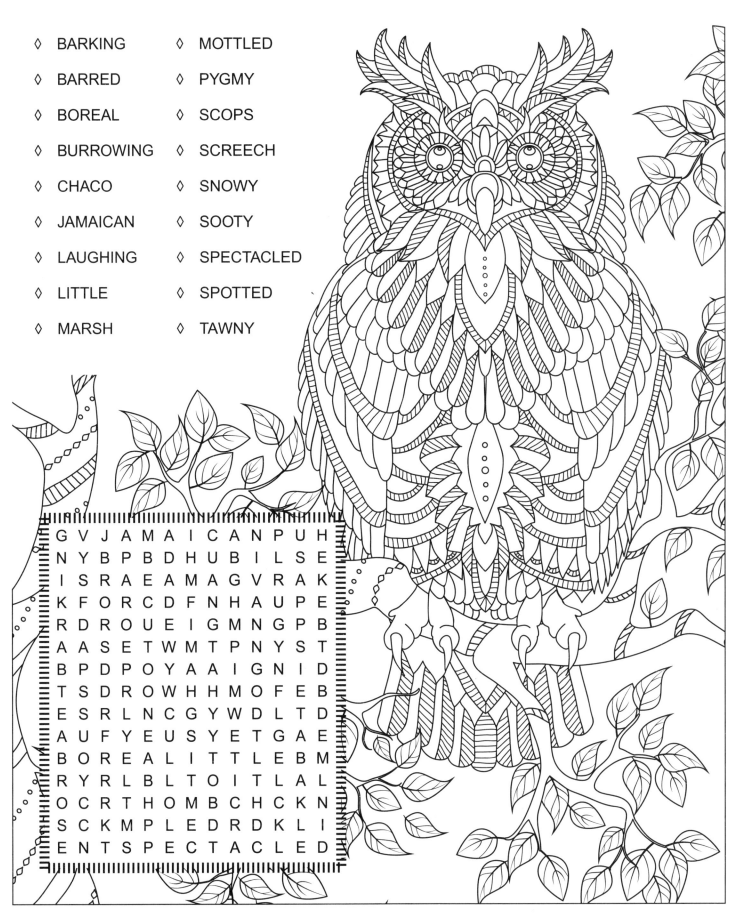

```
G V J A M A I C A N P U H
N Y B P B D H U B I L S E
I S R A E A M A G V R A K
K F O R C D F N H A U P E
R D R O U E I G M N G P B
A A S E T W M T P N Y S T
B P D P O Y A A I G N I D
T S D R O W H H M O F E B
E S R L N C G Y W D L T D
A U F Y E U S Y E T G A E
B O R E A L I T T L E B M
R Y R L B L T O I T L A L
O C R T H O M B C H C K N
S C K M P L E D R D K L I
E N T S P E C T A C L E D
```

```
C A M G E M Y S H T O A G
S U R I J N O T I U B N N
I S K F S C V Y M U O E I
D H U P M O S N O D G G U
G O S K E B S A N M A A T
E L N A I G S O O N R Y O
T B S O S Y A R U P I A N
V K A B M A A A H P P K K
K N K N H E B K R C N I A
H A H A U G G A I A I N T
A S K U N S M A S A K I S
N O P U N E T A S D M K U
P O R A N V K O O S Y U S
A Z O Y G I S K M E K C H
N R E N A G A J U K I N I
```

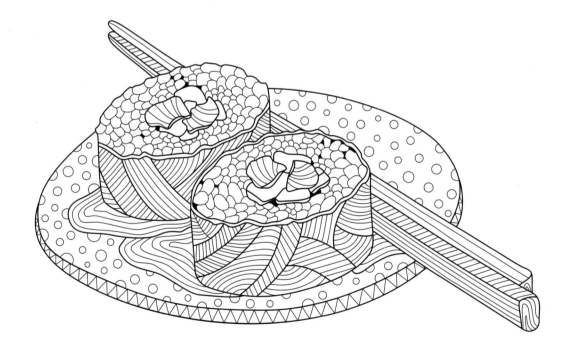

UNAGI MOTSUNABE

NIKUJAGA

TONJIRU

himono

BASASHI

kakuni

GYOZA

sukiyaki

YAKINIKU

tonkatsu

agemono

karaage RAMEN

MISO SOUP

ANPAN

SUSHI

GOBO

KINPIRA

PARTS OF A FLOWER OR PLANT

```
        A S E A N
      E L H R E H T N A
    U I L E S O V U L E S
    L A N C A T O N E S T
    P A R S O A F A T I M I P
    E L Y T S D T R M Y A G E
    Y R A V O C E P U E S M B
    T N E M A L I F E I N A A
    Q R M S E P A L L C T F D
    E E H I S E A G M E U
    A T E L I T S I P B R
      S S L E P R A C C
        P A N I D
```

◊ ANTHER   ◊ SEPAL

◊ BUD   ◊ LEAF   ◊ PETAL   ◊ STAMEN

◊ CARPEL   ◊ NODE   ◊ PISTIL   ◊ STEM

◊ FILAMENT   ◊ OVARY   ◊ RECEPTACLE   ◊ STIGMA

◊ FRUIT   ◊ OVULE   ◊ ROOT   ◊ STYLE

◊ BAILEY

◊ BUTTRESS

◊ CRENEL

◊ DEFENDER

◊ ESCARP

◊ INNER WARD

◊ KEEP

◊ MERLON

◊ MOAT

◊ MOTTE

◊ RAMPARTS

◊ REVETMENT

◊ SIEGES

◊ TOWER

◊ TURRET

◊ VAULTS

◊ VESTIBULE

◊ VICES

```
A D E O A Y E R U S Y E T
S E S T R A P M A R E T A
T A O M L Y A O I K L E D
L C H O J E P G H U I R B
U K A T R C N R C A A R T
A E D T H E E E A W B U E
V I C E S V V M R C I T R
R E K M A D E E G C S D E
O E S M E R N F T K O E S
H A W T L N H O M M I F S
S K Y O I B S T I B E E A
V M N K T B D E W I G N V
S S E R T T U B K E P D T
A E R I W E G L I G Y E E
P P E B Y A P S E G E R D
```

CLOUDS

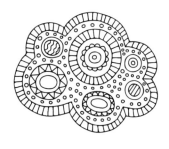

```
I  G  E  S  R  Y  N  I  A  R  M  A  C
N  A  E  S  T  I  O  S  C  A  L  B  E
S  T  R  A  T  O  C  U  M  U  L  U  S
Y  P  S  I  W  K  R  M  N  P  E  C  L
C  O  U  Y  C  T  A  M  T  D  I  O  L
I  C  H  A  R  T  R  Y  U  R  A  R  W
N  D  L  L  U  E  F  O  R  S  S  O  E
O  B  T  S  I  F  D  U  U  U  N  G  K
L  W  C  T  U  V  S  N  E  S  K  R  U
C  H  O  L  V  M  N  L  U  O  Y  A  K
Y  I  F  E  A  I  I  A  Z  H  C  P  I
C  T  M  A  B  P  R  O  S  A  T  H  U
E  E  U  I  Y  O  T  G  R  A  R  I  B
S  L  I  A  T  S  E  R  A  M  B  C  J
W  E  R  T  G  N  I  W  O  L  L  I  B
```

◊ ANVIL	◊ MAMMATUS	◊ STORM
◊ BILLOWING	◊ MARE'S TAIL	◊ STRATOCUMULUS
◊ BLACK	◊ OROGRAPHIC	◊ THUNDER
◊ CIRRUS	◊ PILEUS	◊ VIRGA
◊ CYCLONIC	◊ RAIN	◊ WHITE
◊ FLUFFY	◊ SNOW	◊ WISPY

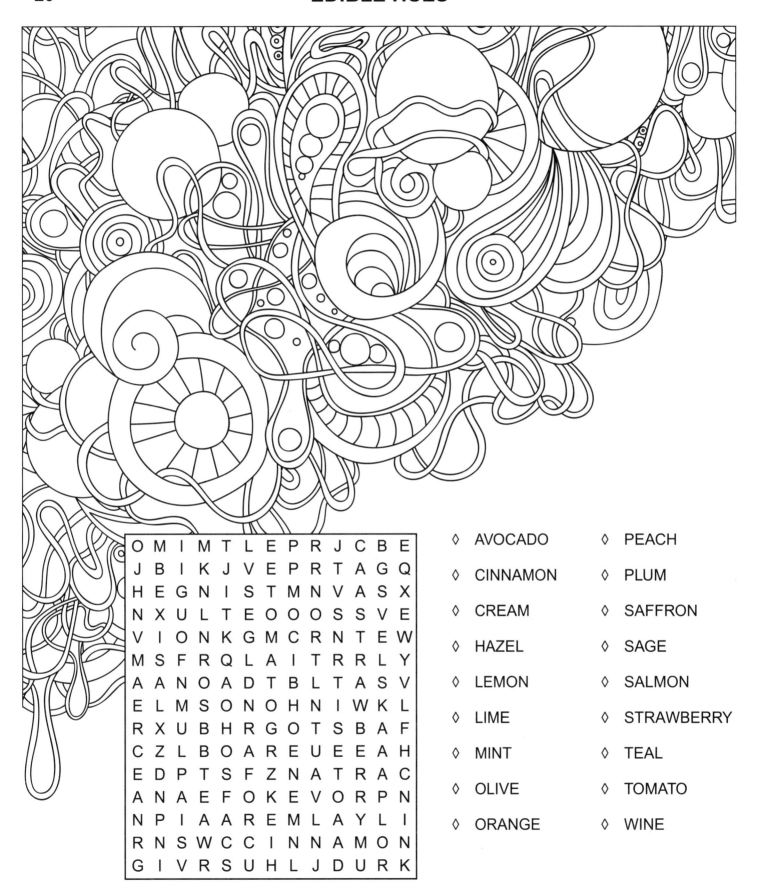

O	M	I	M	T	L	E	P	R	J	C	B	E
J	B	I	K	J	V	E	P	R	T	A	G	Q
H	E	G	N	I	S	T	M	N	V	A	S	X
N	X	U	L	T	E	O	O	O	S	S	V	E
V	I	O	N	K	G	M	C	R	N	T	E	W
M	S	F	R	Q	L	A	I	T	R	R	L	Y
A	A	N	O	A	D	T	B	L	T	A	S	V
E	L	M	S	O	N	O	H	N	I	W	K	L
R	X	U	B	H	R	G	O	T	S	B	A	F
C	Z	L	B	O	A	R	E	U	E	E	A	H
E	D	P	T	S	F	Z	N	A	T	R	A	C
A	N	A	E	F	O	K	E	V	O	R	P	N
N	P	I	A	A	R	E	M	L	A	Y	L	I
R	N	S	W	C	C	I	N	N	A	M	O	N
G	I	V	R	S	U	H	L	J	D	U	R	K

◊ AVOCADO   ◊ PEACH

◊ CINNAMON   ◊ PLUM

◊ CREAM   ◊ SAFFRON

◊ HAZEL   ◊ SAGE

◊ LEMON   ◊ SALMON

◊ LIME   ◊ STRAWBERRY

◊ MINT   ◊ TEAL

◊ OLIVE   ◊ TOMATO

◊ ORANGE   ◊ WINE

```
P N G T L S Y L R O J W V
Y E R E U N M H L M F Z T
E A L M O N D R U O E A N
W E A I U N H L Y S X A E
H C F L G N G R R U I B V
C H N A W O R L S O M L S
E S R O G E N U U O A A Q
E J R T B Z K Q B S E Q H
B D T L S S E B V I R X D
G O U S Y S E O L I V E M
Z M E G S C A A R M W B E
C I C O U S R J H O L L Y
A R U R O C R G U O M T S
L R P L H H A W T H O R N
H S G I I A B E L E T N H
```

◇ ABELE   ◇ HAWTHORN   ◇ MULBERRY   ◇ SPRUCE   ◇ VIBURNUM

◇ ALMOND   ◇ HOLLY   ◇ OLIVE   ◇ SUMAC   ◇ YEW

◇ BEECH   ◇ LARCH   ◇ ROWAN   ◇ TAXUS

◇ GORSE   ◇ LIME   ◇ SEQUOIA   ◇ THUJA

◊ BENCH   ◊ MANURE   ◊ SHELF   ◊ TEMPERATURE

◊ GLASS   ◊ MULCH   ◊ SIEVE   ◊ VENTS

◊ HEATER   ◊ PLANTS   ◊ SOIL   ◊ WEEDS

◊ INSECTS   ◊ POTS   ◊ STANDS

◊ LETTUCE   ◊ SHADING   ◊ TAGS

```
Z P T W K B X Q X Z S G S
B F P E S J F P N L B N W
A V Z F M O D K S W P I K
L S R U C P I J P O S D M
J K L L S L E L E Z T A D
H C J D P A H R S V N H B
H V E G S P R D A U E S E
T E D H R N N N R T V C W
W O E I E A H E X S U A Z
M L L N T G Y K S T A R N
F S F S A L C J T N Z V E
X I S E E A P E O A U M T
B E N C H S L M P L P A T
V V Y T Z S V E I P G V D
F E Y S Y H Q I Y S B I X
```

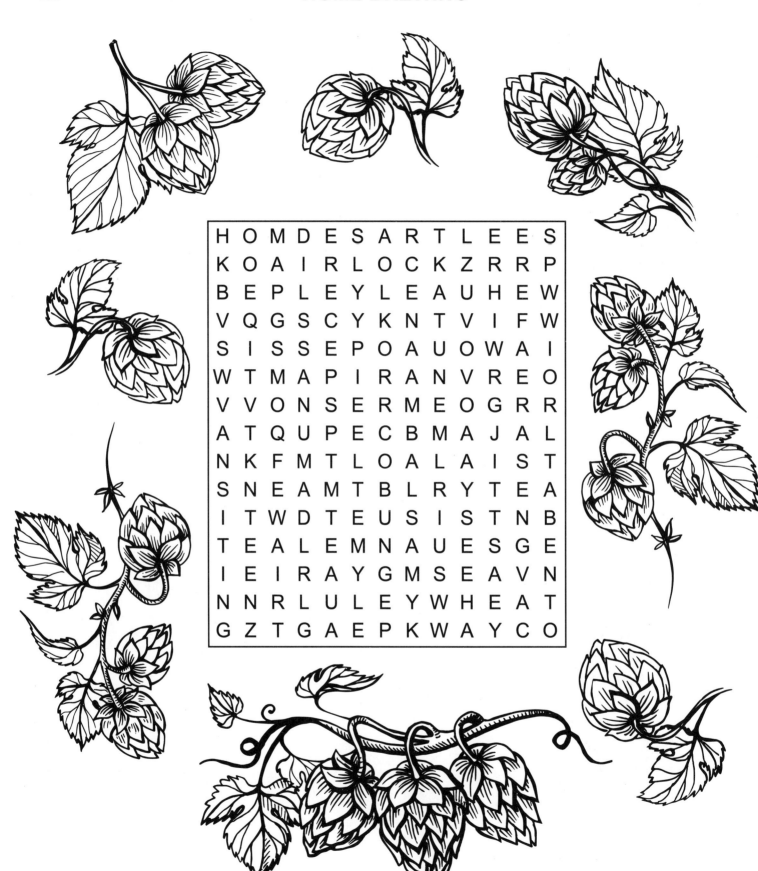

```
H O M D E S A R T L E E S
K O A I R L O C K Z R R P
B E P L E Y L E A U H E W
V Q G S C Y K N T V I F W
S I S S E P O A U O W A I
W T M A P I R A N V R E O
V V O N S E R M E O G R R
A T Q U P E C B M A J A L
N K F M T L O A L A I S T
S N E A M T B L R Y T E A
I T W D T E U S I S T N B
T E A L E M N A U E S G E
I E I R A Y G M S E A V N
N N R L U L E Y W H E A T
G Z T G A E P K W A Y C O
```

BOTTLING BEER
temperature
INFUSION
JARS bung
ULLAGE
WATER lees
KEGS YEAST
airlock
aroma
HOPS wheat
STOUT
MALT
MUST

SWEETS AND CANDIES

```
C S A S M U G E N I W L I
H E M A R S H M A L L O W
E C L A N R C H A N S L E
L S T F E I R E T S S L A
L E M O F R S U H A T I A
I Y L U C U C E O P I P J
T E N U T S R K E D F O E
S S S L C B R T D D M P L
A L Y H E A M E Y L O M L
P L R T R P R T T A C K Y
N U U F O N D A N T H H B
M B P J E L E G M L U U E
R Z E P A M E U U E V B A
Y D N A C U O O A A L D N
B B E C I T U N O C O C M
```

◊ ANISEED
◊ BULLS-EYES
◊ BUTTERSCOTCH
◊ CANDY
◊ CARAMEL
◊ COCONUT ICE
◊ COMFITS
◊ CREAMS
◊ FONDANT
◊ JELLY BEAN
◊ LOLLIPOP
◊ MARSHMALLOW
◊ NOUGAT
◊ PASTILLE
◊ SHERBET
◊ SYRUP
◊ TRUFFLE
◊ WINE GUMS

WEATHER

```
E C E K Y L Y Y C H E R T
N S O N W M A G D I A T E
A Q U A O T O V G N A H T
C U O U L T Y O E O I K T
I A T S B Y S P L G F W O
R L D S T E R L H G I J O
R L A S A A H P I O S Z Y
U A U H W C R U R A O T A
H G I R E E E A M V H N S
O O A N S I B R E I I Y P
I S D S Y O C R O W D S D
L G U R S L C H X F L D E
O R J I E A Y D A E E R R
E N T A S I A M E R E A S
D Y R T S E P T F A T E L
```

◊ BLOWY	◊ GUSTY	◊ OVERCAST
◊ CHART	◊ HAILSTONE	◊ RAINY
◊ CLEAR	◊ HIGH PRESSURE	◊ SLEET
◊ FOGGY	◊ HUMID	◊ SQUALL
◊ FORECAST	◊ HURRICANE	◊ TYPHOON
◊ GLOOMY	◊ ISOBAR	◊ WINDY

THINGS WITH WINGS

```
Y  B  U  I  L  F  G  N  T  T  C  P  X
L  P  W  L  V  O  H  E  E  N  A  S  H
F  C  K  B  O  S  R  D  Y  A  L  N  J
N  A  C  S  U  O  U  L  S  B  F  J  G
O  L  E  E  S  M  F  U  R  E  D  H  L
G  P  A  M  C  R  B  H  S  O  R  W  Y
A  S  H  K  E  Y  H  L  A  H  W  P  T
R  A  Z  T  R  J  E  D  E  O  Y  L  C
D  W  T  K  A  A  I  D  R  B  V  E  A
L  U  B  A  G  L  E  C  K  Q  E  O  D
B  U  I  L  D  I  N  G  P  R  R  E  O
W  Q  E  N  H  R  I  Q  D  T  N  O  R
B  P  X  S  E  V  E  N  E  R  E  P  E
R  A  N  G  E  L  E  G  D  I  M  T  T
S  S  T  A  K  F  U  H  A  W  K  M  P
```

◇ ANGEL

◇ ASH KEY

◇ BAT

◇ BUILDING

◇ BUMBLEBEE

◇ BUTTERFLY

◇ CROW

◇ DRAGONFLY

◇ EAGLE

◇ EROS

◇ GNAT

◇ GOOSE

◇ HAWK

◇ MIDGE

◇ OWL

◇ PTERODACTYL

◇ WASP

◇ WYVERN

M E L A N D N K Y D M K L
T H C U R R E R L L A E T
E H T O B H S B I G H R Y
Y V E E N N A A M A K A L
O Y A P E T I W E S R C E
R K I M R R Y N O C A T B
K O M M A O N E E R M O N
S E C M B C F L L S T N W
H D D H P R M E G R M H O
I E V O E A A H S O I R T
R A E V D S T N O S T H S
E M D E P A T R W N O B S
S P L H L D S E I E U R A
F E O D A H B A R C L H L
A S T R E A U M E C K L G

◊ ACTON ◊ CURRER ◊ HELEN ◊ PATRICK ◊ THE PROFESSOR

◊ ADELE ◊ EMILY ◊ MARIA ◊ POEMS ◊ YORKSHIRE

◊ ANNE ◊ GLASS TOWN ◊ MARKHAM ◊ ROCHESTER

◊ BRANWELL ◊ HAWORTH ◊ MOORS ◊ SHIRLEY

P	B	V	P	B	P	T	T	E	X	E	P	G
S	E	R	Y	R	C	W	P	Z	J	F	W	O
R	A	R	C	E	E	M	F	I	U	P	L	G
A	N	G	E	W	N	S	N	A	O	W	O	N
E	S	A	A	C	S	O	E	M	Z	O	A	I
P	I	M	W	E	N	R	H	R	O	D	Z	K
Y	X	I	V	M	U	A	R	L	V	A	P	A
R	T	A	V	E	Y	T	D	E	P	E	D	M
E	O	H	S	B	L	U	T	N	D	M	S	Y
L	L	E	R	E	H	D	E	L	U	D	X	A
I	M	S	B	E	P	O	N	D	Z	B	O	H
A	O	S	R	F	S	A	P	U	Z	P	A	F
R	U	B	Z	V	B	H	R	P	B	B	C	M
T	S	E	L	B	A	T	E	G	E	V	M	R
I	E	Y	X	G	S	B	S	R	G	R	Q	Y

◊ ABUNDANCE   ◊ HOPPER

◊ BEANS   ◊ LOAVES

◊ BUNDLE   ◊ MAIZE

◊ FODDER   ◊ MEADOW

◊ GRAPES   ◊ MOUSE

◊ HAYMAKING   ◊ PEARS

◊ HERBS   ◊ PRESERVES

◊ HONEY   ◊ THRESHER

               ◊ TRAILER

               ◊ VEGETABLES

FRUITS

```
A P P A G R I P E D G Y Q
E L P P A E N I P P R I I
P L U M P O F G I R O E F
B R P E L Y C H E E A G L
E N A E T B S B H E I R T
B R M V R R P Y O I H F O
B O Y F O S F G O V B G H
E Q P X A C I D R M N A I
A U A R F P A M R A O K Y
A N P I E U B D M V P E S
N H A M D N D Y O O N E L
A G Y N O M E L M I N L M
N A A N A Y H B L X I U A
A Y A A C B C G Q M D O Y
W T N A R R U C E T I H W
```

◊ AKEE   ◊ LIME   ◊ PERSIMMON

◊ AVOCADO   ◊ LYCHEE   ◊ PINEAPPLE

◊ BANANA   ◊ MANGO   ◊ PLUM

◊ FIG   ◊ MELON   ◊ RASPBERRY

◊ GRAPE   ◊ PAPAYA   ◊ UGLI

◊ LEMON   ◊ PEAR   ◊ WHITE CURRANT

GODDESSES

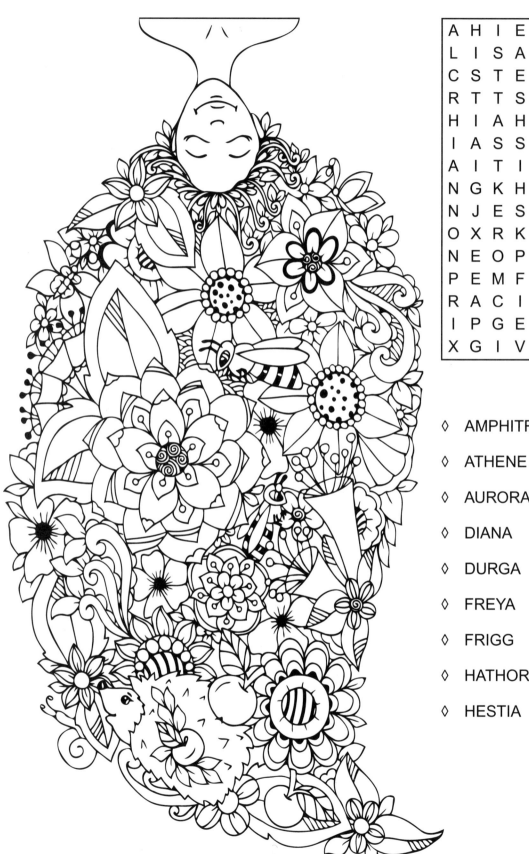

A	H	I	E	Z	W	E	U	E	L	O	K	F
L	I	S	A	P	A	R	N	A	X	C	A	U
C	S	T	E	K	A	F	K	E	E	V	X	L
R	T	T	S	T	C	S	Z	N	R	E	U	A
H	I	A	H	E	H	V	O	V	T	I	E	N
I	A	S	S	M	H	H	W	I	E	T	E	M
A	I	T	I	I	P	B	R	A	D	S	O	F
N	G	K	H	E	Z	T	Y	P	U	R	T	Y
N	J	E	S	O	I	E	A	U	R	O	R	A
O	X	R	K	H	R	K	C	I	G	S	H	T
N	E	O	P	F	F	D	G	H	A	U	V	Z
P	E	M	F	R	K	A	N	A	I	D	E	H
R	A	C	I	H	N	Z	B	E	T	J	N	B
I	P	G	E	N	E	H	T	A	H	Z	U	F
X	G	I	V	I	C	T	O	R	I	A	S	J

◊ AMPHITRITE   ◊ IRENE

◊ ATHENE   ◊ ISHTAR

◊ AURORA   ◊ LAKSHMI

◊ DIANA   ◊ MORRIGAN

◊ DURGA   ◊ PERSEPHONE

◊ FREYA   ◊ RHIANNON

◊ FRIGG   ◊ VENUS

◊ HATHOR   ◊ VESTA

◊ HESTIA   ◊ VICTORIA

MAMMALS

```
A I K E L L C R K C T O T
G N E R N B A B O O N I L
U A D A A I R A D H B E U
M M S K K V R Y F B I T F
C U A L O S D E A N M O G
O H Y E N A W R V E E Y O
E R P H R A L O A L G O H
R S A Y T S E A M A O C E
A G R N O O C A R B P W G
Y V I O G K I S E T A H D
E E A R H U A R E C Y T E
A F U L A N T E A T E R H
Y T O H M F U A H I L E I
E L E M U R F F N E T A L
D S A P E L L E Z A G V U
```

◊ AARDVARK ◊ COYOTE ◊ HORSE ◊ LEMUR ◊ WOLVERINE

◊ ANTEATER ◊ GAZELLE ◊ HUMAN ◊ ORANGUTAN ◊ WOMBAT

◊ AYE-AYE ◊ GIRAFFE ◊ HYENA ◊ RABBIT

◊ BABOON ◊ HEDGEHOG ◊ KOALA ◊ RACOON

GLACIERS

```
E P N T I K O N Z V T H E
Q D I E R J R Y A T P T L
T X W A E A E X O H N A P
E I R A B E V S O R D K N
D Y A T I H I T Q A I E Y
M M D H V O L C H L M K M
U N E A T U O B A N R U T
N N K D M D O T U R A I U
D F F O X I Q B R L R B Y
S K E C H O R N E A A I D
D A P S R A I X R T L O E
J A R A R W S O U F J D R
F W P Y Z D R R K S I L E
J A Q J I U A T P H V A S
K S B I A F O S N G P W Y
```

◊ AURORA

◊ BATURA

◊ BHADAL

◊ BIAFO

◊ CARRIE

◊ DARWIN

◊ EDMUNDS

◊ EXIT

◊ FOX

◊ HORNE

◊ HOTLUM

◊ KAPAROQTALIK

◊ NUBRA

◊ OLIVER

◊ REID

◊ TURNABOUT

◊ TVIBERI

◊ WALDO

VALENTINE

```
T R E D B D E S S I L E I
A M C E S R R R O S E S N
M A K H E S W E O L E N A
E S A D A B H V A T S U E
S U N E S M E O T M S R G
E E T G S S P L A A E F G
T N U L O L O A O D N R N
A H G R U A E B G V T H I
L X E A T R T A E N E A L
O G E S P H R D R O E D R
C A I T J U Y M A N W G A
O D A F F O D I L S S D D
H E X J T I S R I P I Y N
C R T F R S M E S T I N A
B A T Y E N A R O M E O G
```

- ◊ ADMIRER
- ◊ BEAU
- ◊ BELOVED
- ◊ CHAMPAGNE
- ◊ CHOCOLATES
- ◊ DAFFODILS
- ◊ DARLING
- ◊ DREAMER
- ◊ EROS
- ◊ GIFTS
- ◊ GUESS
- ◊ HUGS
- ◊ LOVERS
- ◊ POETRY
- ◊ ROMEO
- ◊ ROSES
- ◊ SWEETNESS
- ◊ TENDER

```
N A T U R P I E P A F E R
I W Y V L E S I N T S U H
S A C T L N A N J I A R G
C R E O E I F N B V T J S
E P I P P I N A I E E H H
T A I H S A N W Y H O E O
O I E A D D C L I W W H U
M N F T O O O R B C L A T
M T E U G G W O Y G K Q N
Y F D W Z S A Y A B E E Y
C A N C M T S A L U A S D
A S C R O O G E N R P B R
T Y O I N R O E J Y J I Y
S T E L F Y V N G C A T E
L A C E S A I R R H T E R
```

GODSPELL

pippin

TOMMY

SHOUT!

CATS

scrooge

TOP HAT

WICKED

A DOG STORY

new moon

EVITA

ANNIE

gypsy

SHOW BOAT

war paint

AVENUE Q

CRY BABY HAIR

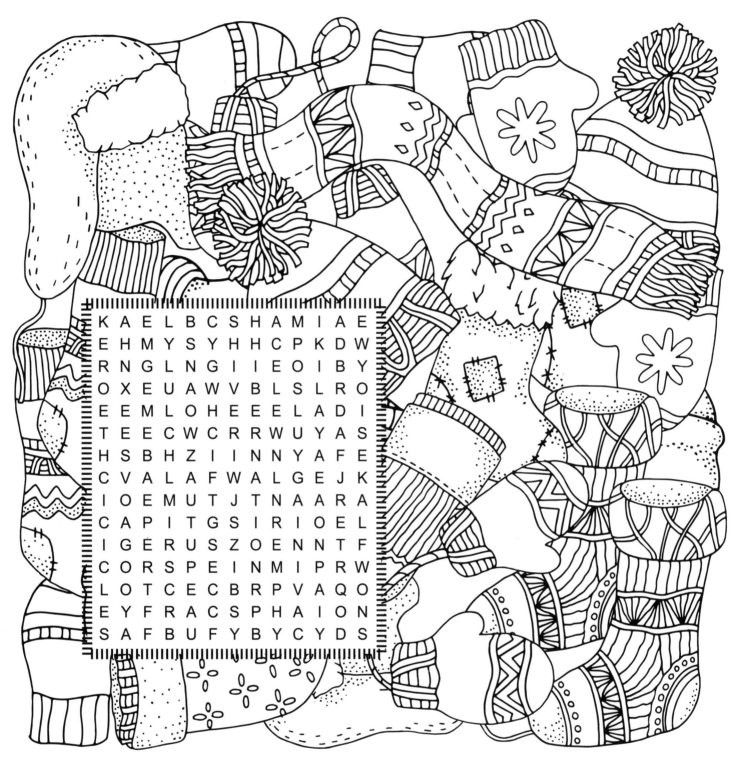

```
K A E L B C S H A M I A E
E H M Y S Y H H C P K D W
R N G L N G I I E O I B Y
O X E U A W V B L S L R O
E E M L O H E E E L A D I
T E E C W C R R W U Y A S
H S B H Z I I N N Y A F E
C V A L A F W A L G E J K
I O E M U T J T N A A R A
C A P I T G S I R I O E L
I G E R U S Z O E N N T F
C O R S P E I N M I P R W
L O T C E C B R P V A Q O
E Y F R A C S P H A I O N
S A F B U F Y B Y C Y D S
```

◇ BLEAK ◇ COUGH ◇ GUSTY ◇ JANUARY ◇ SLEET

◇ CHILLY ◇ FIRESIDE ◇ HATS ◇ NIPPY ◇ SNOWFLAKES

◇ CHRISTMAS ◇ FREEZING ◇ HIBERNATION ◇ SCARF

◇ COLDS ◇ GALES ◇ ICICLES ◇ SHIVER

```
      A B R           O L P
    S D T R O       M D Y M I
  R A Y B Y F S   A E A I L E C
  A D Y C M L L A S H R R S A R
  A I R A O L O D L A E G I W I
  I A T E C R E P N I A A Y A H
  S E T R A M A D P S N J V E N
  A L I O G A X S I U D R E
  L I N D P A I V L H M G A
  A N S R R N I T I O N
    B A E E E O A M E
    N T T P L I L
    E I S A E
      P T H
        E
```

◊ CELIA

◊ DESDEMONA　◊ JULIET

◊ HELENA　◊ MARIA

◊ HERMIA　◊ MIRANDA

◊ HIPPOLYTA　◊ NERISSA

◊ IMOGEN　◊ PERDITA

◊ PORTIA

◊ REAGAN

◊ ROSALIND

◊ SYCORAX

◊ TITANIA

◊ VIOLA

BOOKS

- ◊ ANNUAL
- ◊ ATLAS
- ◊ BIBLE
- ◊ BIOGRAPHY
- ◊ CRIME
- ◊ EDITION
- ◊ ENCYCLOPEDIA
- ◊ INDEX
- ◊ INSTALMENT
- ◊ NOVEL
- ◊ PLOT
- ◊ PRIMER
- ◊ REFERENCE
- ◊ SCI-FI
- ◊ SERIES
- ◊ STORY
- ◊ TEXT
- ◊ TITLE

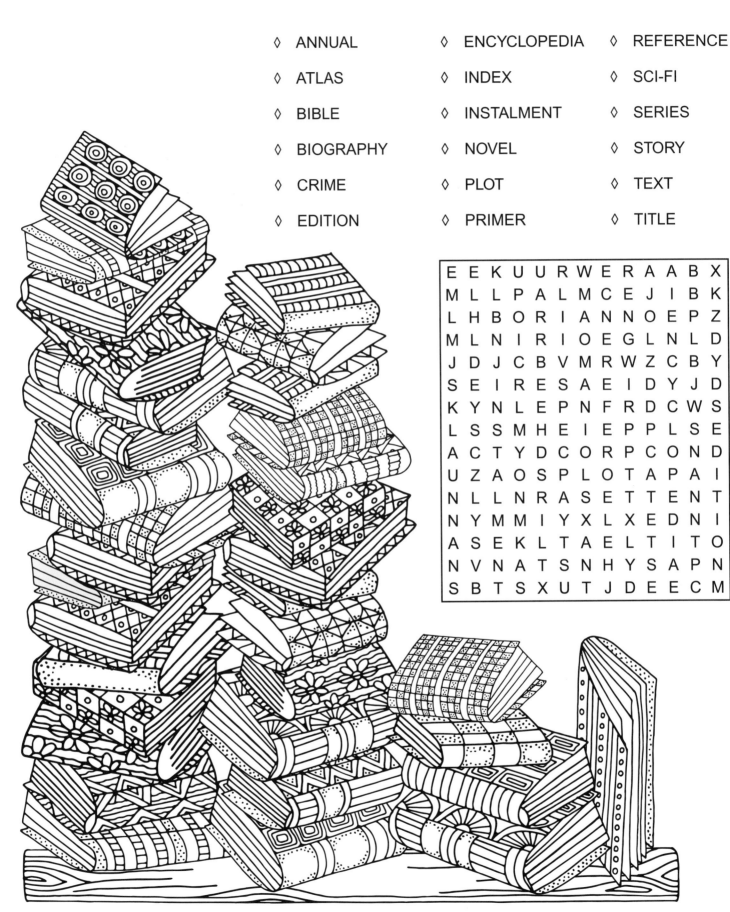

```
E E K U U R W E R A A B X
M L L P A L M C E J I B K
L H B O R I A N N O E P Z
M L N I R I O E G L N L D
J D J C B V M R W Z C B Y
S E I R E S A E I D Y J D
K Y N L E P N F R D C W S
L S S M H E I E P P L S E
A C T Y D C O R P C O N D
U Z A O S P L O T A P A I
N L L N R A S E T T E N T
N Y M M I Y X L X E D N I
A S E K L T A E L T I T O
N V N A T S N H Y S A P N
S B T S X U T J D E E C M
```

```
N O I L L E T S E M O O N
I H H M R O W W O L S J E
A G S J U D U R E Z Y L M
Z E C C V F O R Y N C C T
E K R H A E I K C O B R A
S A F M A Y L E C D T O A
I N B V N M M V L E G C X
O S A P A A E A A C G O O
T E S K M R B L N H O D L
R L A B N A A T E V E I O
O T A N R I A T I O S L T
T T E W A D K P A P N E L
R A Y G D U E S A U Y U M
E R Y E S R G L F D T L H
Z A R T E G E I M E R F E
```

◊ ELAPS   ◊ SKINK

◊ GECKO   ◊ SLOW-WORM

◊ IGUANA   ◊ STELLION

◊ ADDER   ◊ CHAMELEON   ◊ MAMBA   ◊ TORTOISE

◊ AXOLOTL   ◊ COBRA   ◊ NEWT   ◊ TUATARA

◊ CAYMAN   ◊ CROCODILE   ◊ RATTLESNAKE   ◊ VIPER

MAGIC

◊ AMAZE

◊ CAPE

◊ CHARM

◊ CURSE

◊ DISAPPEARING

◊ GLAMOROUS

◊ GLASS

◊ HOUDINI

◊ LOCKS

◊ MERLIN

◊ POWER

◊ SHOW

◊ SPELLS

◊ STAGE

◊ TRICKERY

◊ WAND

◊ WATER TANK

◊ WONDER

BOATS

```
V E R E R S T E R A G E G
E A L O D N O G H K N M A
R R U J C U T T E R I E B
D E S U A T L U T R W R A
H H B N B H C A B T O I B
A N O K E D O Y F E R R Y
Y A S W E B U A K D D T U
B D P O T E R W R C L S A
T E A O J C L L U K A A K
H D L F R I G A T E F M A
O I F E F E Y M O P W P S
P T V Y R I F E J O P A L
B O A E E S K R C T G N E
H M A R M A N S L U S T U
T N U P A S A T T Z U L A
```

◊ ARK   ◊ HOVERCRAFT   ◊ SCOW

◊ CUTTER   ◊ JUNK   ◊ SKIFF

◊ DHOW   ◊ PILOT BOAT   ◊ SMACK

◊ FERRY   ◊ PUNT   ◊ TRIREME

◊ FRIGATE   ◊ ROWING   ◊ TUG

◊ GONDOLA   ◊ SAMPAN   ◊ YAWL

BEAUTY

```
H S I L O P L I A N N E E
H A N P R T S M E A R V Y
V S G M E O I R I F E A E
V M R A K R R L Y C S W S
T W X E J R F R P O N T H
L W A R L I Q U I S A N A
G A J C L L E C M M E E D
N W I E K K O S U E L N O
I W H C A S E R Y T C A W
B O M M A H H E E I D M M
M S E I S F L A A C E R D
O E R U C I N A M S F E G
C T R X N Q Y J H P W P N
T B S E S S C I S S O R S
I R R R U S H E H B B O E
```

nail file

brushes

SHAMPOO

eyeshadow

PERFUME

COMBING ROLLERS

PERMANENT WAVE

scissors CREAM

MANICURE

NAIL POLISH

EYELINER

cosmetics

FACIAL

MIRROR

MAKEUP

cleanser

HERBS AND SPICES

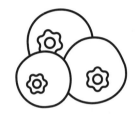

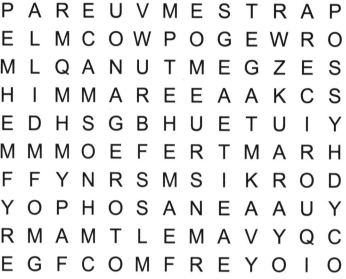

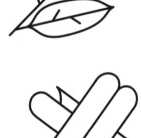

```
P A R E U V M E S T R A P
E L M C O W P O G E W R O
M L Q A N U T M E G Z E S
H I M M A R E E A A K C S
E D H S G B H U E T U I Y
M M M O E F E R T M A R H
F F Y N R S M S I K R O D
Y O P H O S A N E A A U Y
R M A M T L E M A V Y Q C
E G F C O M F R E Y O I O
L I C E D G Q U A V E L E
E N A U N I F C A D S L C
C G S A R N N E L E I B E
Y E A N D R E G E V N S M
K R I S E M Y L N A A L H
```

◇ ANISE	◇ DILL	◇ MACE
◇ CELERY	◇ FENNEL	◇ NUTMEG
◇ CLOVES	◇ GINGER	◇ OREGANO
◇ COMFREY	◇ HORSERADISH	◇ SAGE
◇ CUMIN	◇ HYSSOP	◇ SESAME
◇ CURRY	◇ LIQUORICE	◇ THYME

VOLCANOES

```
V E R A R U E M O D A M E
N Y E M T O K A V A T N E
O K T A O S H I E L D O R
M S A U M U P E P L G I I
C E R N B E N K E E S T F
O S C A M A T T X V A P F
T A H L A E K T F R T U O
O G Y O S A I A E U L R G
P C U A U N P H A M J E N
A V A L C O T D R R K I I
X C B T M N N B E R Y I R
I L T P C O A H D Y A E F
U I E L O A S B L W U H C
B I B I N D T N A M R O D
I P E F E A P H C S F B G
```

◊ CALDERA   ◊ HAWAII

◊ CONE   ◊ LAVA

◊ COTOPAXI   ◊ MAUNA LOA

◊ CRATER   ◊ MOUNT FUJI

◊ DOME   ◊ POMPEII

◊ DORMANT   ◊ RING OF FIRE

◊ ERUPTION   ◊ SABANCAYA

◊ EXTINCT   ◊ SHIELD

◊ GASES   ◊ THERA

FAMILY

```
        A E F I W
      N A N R E T S I S
    A R I I S A T B E R A
    J E E S T N E R A P H
    S C N E S U O P S B S U E
    E D T O A E O E N A G S L
    N E R D L I H C R A N B C
    I D A U G H T E R R I A N
    S A P N W E H P E N L N U
    E O B R O T H E R B D
    S P R E H T O M B I S
      R E L A T I V E S
        F A M E R
```

◇ AUNT   ◇ DAUGHTER   ◇ MOTHER   ◇ PARTNER   ◇ SON

◇ BROTHER   ◇ FATHER   ◇ NEPHEW   ◇ RELATIVES   ◇ SPOUSE

◇ CHILDREN   ◇ FRIEND   ◇ NIECE   ◇ SIBLING   ◇ UNCLE

◇ COUSIN   ◇ HUSBAND   ◇ PARENT   ◇ SISTER   ◇ WIFE

MOUNTAINS

- ◊ ADAMS
- ◊ ATHOS
- ◊ BOLIVAR
- ◊ BRUCE
- ◊ CHO OYU
- ◊ EIGER
- ◊ EL CAPITAN
- ◊ ELBRUS
- ◊ FUJI
- ◊ GONGGA
- ◊ HEKLA
- ◊ KENYA
- ◊ MAKALU
- ◊ MERCEDARIO
- ◊ MERU
- ◊ TAHAN
- ◊ TEIDE
- ◊ VINSON

```
Q R A U I A T Q E X P S K
K E N Y A R I L Z M R D C
S G E L R G C J K C A Q Y
J I D O R A A Y U A V U E
F E I M P C U G G F I R O
A I E I C H E N Y L L N L
W R T A U L A K A M O P G
U A M X B L L L D M B G A
N D N R K L C H O O Y U W
O V U E H Z Q A N N O E S
S S H J A C D J G B K M I
N A H A T M W X R G A E J
I R I C V C E U K D N T Y
V O N Q K D C E A T H O S
O I R A D E C R E M U L G
```

CAKE BAKING

```
D K T S N G G P V A E S P
F R X E G I P A T C A M Y
N C E S M G T I E N Q I K
Z C T T X P E F A N S X U
O U I U A I E T A R M E R
H P U B O W L R A O T R I
O C R A X U C A A A L X O
G A F B S D R Y L T V U E
A K E D I U E O G O U P M
B E Q R O O C C O N I R E
S S O L Z O P R O C I A E
P O F W H Y L P E R M C T
O U V C W F O R G A A U I
O N T E U C N I J M M T Y
N N D R N C Y J J Y L R E
```

◊ BOWL	◊ FLOUR	◊ RECIPE
◊ CHOCOLATE	◊ FRUIT	◊ SPOON
◊ CREAM	◊ ICING	◊ SULTANAS
◊ CUPCAKES	◊ LOAF TIN	◊ TEMPERATURE
◊ DECORATE	◊ MIXER	◊ TRAY
◊ EGGS	◊ OVEN	◊ WATER

```
H O H S A R H S I L O O F
S U O T I U T R O F O J B
H T N F W M M E X R O X E
E G C T I P P T E C M A M
A O H I R N L R O M R F O
D I E R O A T U U N W O S
S N N B B R R R C D O A E
T G C U P A E D E K E R R
R D Y R G X A H M P Y N U
O D L E I R T A Z V I C T
N X O O I S D G N N H D N
G U W N B C K Y U A F H E
S D G N A T H Y N T C B V
F V P P G I W C B I S Y N
E V A R B M Y V P E O Y E
```

◊ BOLD
◊ BRAVE
◊ CHANCY
◊ COURAGEOUS
◊ DARING

◊ FOOLISH
◊ FORTUITOUS
◊ GUTSY
◊ HEADSTRONG
◊ HEROIC

◊ IMPRUDENT
◊ INTREPID
◊ MADCAP
◊ OUTGOING
◊ PLUCKY

◊ RASH
◊ RISKY
◊ VENTURESOME

```
W H E S P Y H O N O M A L
P E N U U M C E N O I D B
A G Z A B B L U X F D L E
U H V E T H E N D L E H C
G S F I A H E R A S C E P
E E D R S J E C E Y R H E
A P P J T V H N S N A L L
N Y A K E E A P A T N A C
S E E A R G U S H P Y M A
T A O O O H N E A O A X I
A R N E P C D L S I A V N
B Y K R E H L A R D Y H A
L B C A P A A P F V J I R
E E J T S O M E F P A S U
S L L O W S S N O G R O G
```

◊ ACHERON

◊ ARGUS

◊ ASTEROPE

◊ ATHENA

◊ AUGEAN STABLES

◊ CHAOS

◊ CLIO

◊ ERATO

◊ EREBUS

◊ GAIA

◊ GORGONS

◊ HARPY

◊ HYDRA

◊ PALLAS

◊ PRIAM

◊ PSYCHE

◊ STYX

◊ URANIA

WATERFALLS

◊ ANGEL   ◊ HOPETOUN   ◊ RINKA

◊ BROWNE   ◊ KRIMML   ◊ TUGELA

◊ EMPEROR   ◊ LANGFOSS   ◊ TWIN FALLS

◊ FITZROY   ◊ NIAGARA   ◊ UTIGORD

◊ HAVASU   ◊ PHANTOM   ◊ WATSON

◊ HIGH FORCE   ◊ RHINE   ◊ YELLOWSTONE

```
G Y O R Z T I F T U E L A
E N O T S W O L L E Y M W
N V F Z A L A R A G A I N
I P G T E A L U N L F A Y
E I S U A Q L A G E M L A
H O P E T O U N F G U X L
N U S A V A H M O N T H E
E T I L A A L J S A I L G
D I S K M D N S S G G W U
P F N O B O S N H C O E T
M I K C T T T F M S R N A
R H I N E T O N I B D W N
J L M M I R K T A E G O L
L V W A C W M L R H Z R M
A P F E M P E R O R P B B
```

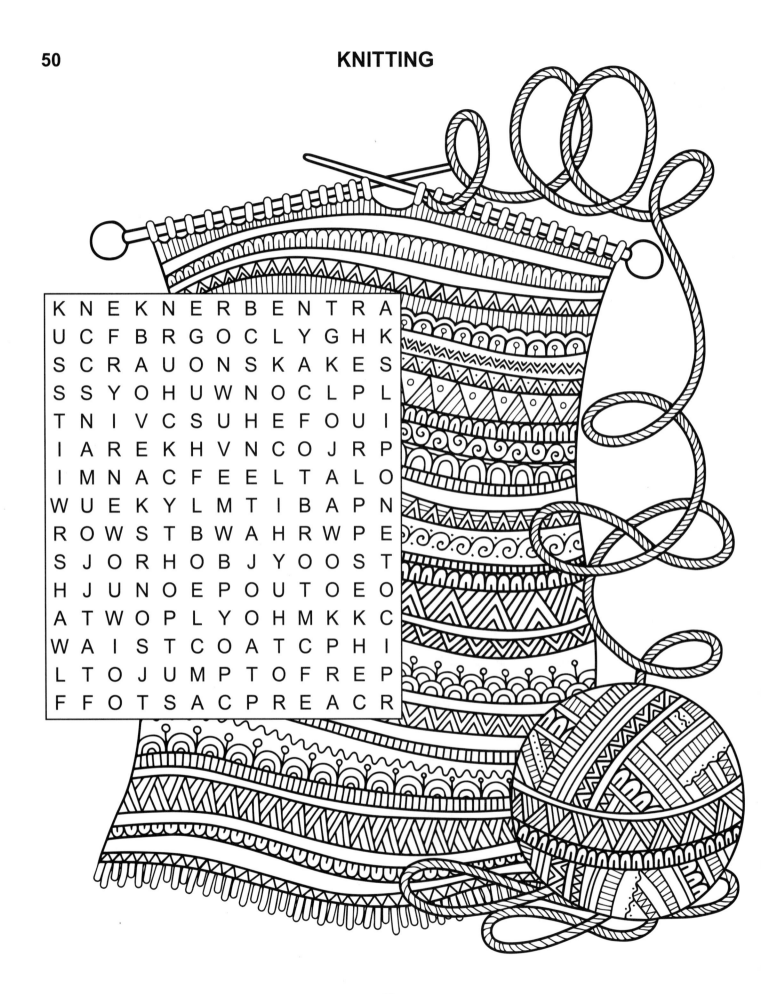

```
K N E K N E R B E N T R A U
U C F B R G O C L Y G H K
S C R A U O N S K A K E S
S S Y O H U W N O C L P L
T N I V C S U H E F O U I
I A R E K H V N C O J R P
I M N A C F E E L T A L O
W U E K Y L M T I B A P N
R O W S T B W A H R W P E
S J O R H O B J Y O O S T
H J U N O E P O U T O E O
A T W O P L Y O H M K K C
W A I S T C O A T C P H I
L T O J U M P T O F R E P
F F O T S A C P R E A C R
```

SLIP ONE YARNS CHUNKY

picot

PATCHWORK POCKET spool

HOBBY SHAWL

turtleneck

WAISTCOAT TWO-PLY

tank top PURL

CAST OFF

JUMPER ROWS

CROCHET HOOK

R	V	H	I	N	T	E	U	C	H	C	E	S
A	Y	L	L	E	J	L	A	Y	O	R	D	R
T	P	F	V	L	A	O	A	G	S	M	Q	E
C	R	I	R	S	A	Y	A	R	H	L	B	W
E	H	E	A	A	G	R	O	G	V	S	F	O
N	H	L	E	R	M	H	C	E	S	A	P	L
X	O	M	H	S	Y	E	O	U	U	Q	E	F
E	B	A	Y	U	H	D	L	V	U	Q	N	H
B	B	V	K	R	R	D	O	G	E	D	E	E
R	Y	E	S	A	M	E	N	R	E	R	E	P
A	J	S	O	U	J	I	Y	P	R	U	U	G
N	P	B	V	C	M	E	T	Y	R	P	Q	R
E	J	E	D	M	R	T	U	E	A	H	U	O
L	L	E	U	G	N	A	E	E	S	Z	S	Y
A	F	H	K	Y	E	N	O	H	S	O	I	E

◊ APIARY	◊ HIVE	◊ MITES
◊ BOARD	◊ HOBBY	◊ NECTAR
◊ COLONY	◊ HONEY	◊ PUPAE
◊ COMB	◊ HOVER	◊ QUEEN
◊ FLOWERS	◊ HUMMING	◊ ROYAL JELLY
◊ FRAME	◊ LARVAE	◊ TREES

COASTAL TOWNS AND CITIES

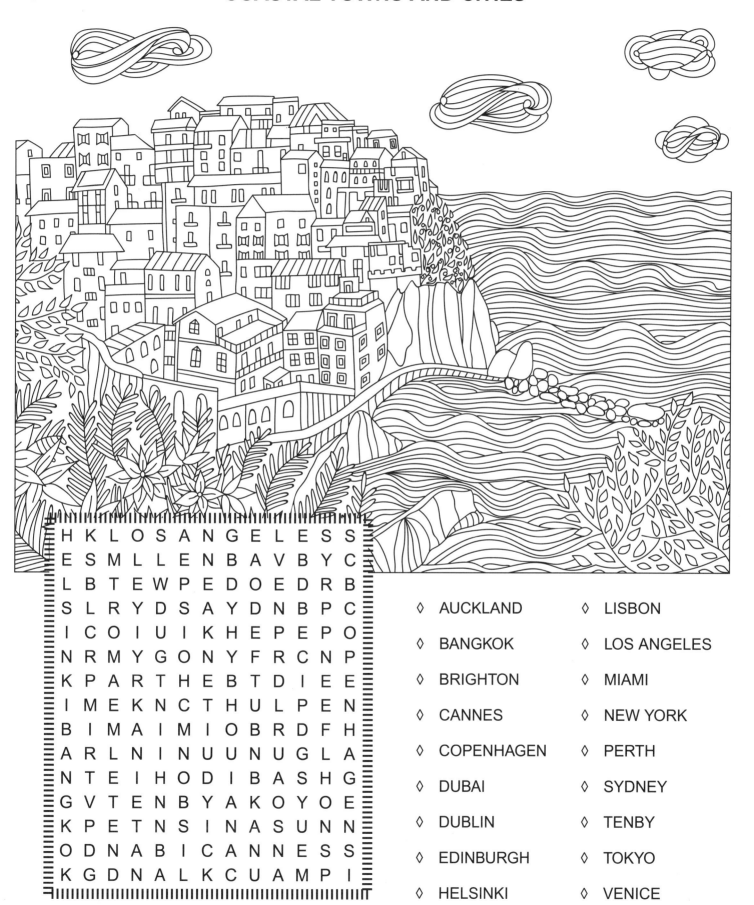

```
H K L O S A N G E L E S S
E S M L L E N B A V B Y C
L B T E W P E D O E D R B
S L R Y D S A Y D N B P C
I C O I U I K H E P E P O
N R M Y G O N Y F R C N P
K P A R T H E B T D I E E
I M E K N C T H U L P E N
B I M A I M I O B R D F H
A R L N I N U U N U G L A
N T E I H O D I B A S H G
G V T E N B Y A K O Y O E
K P E T N S I N A S U N N
O D N A B I C A N N E S S
K G D N A L K C U A M P I
```

◊ AUCKLAND ◊ LISBON

◊ BANGKOK ◊ LOS ANGELES

◊ BRIGHTON ◊ MIAMI

◊ CANNES ◊ NEW YORK

◊ COPENHAGEN ◊ PERTH

◊ DUBAI ◊ SYDNEY

◊ DUBLIN ◊ TENBY

◊ EDINBURGH ◊ TOKYO

◊ HELSINKI ◊ VENICE

```
        C I S U M
      H E A O I R F R L
      P T S N O W E U E N A
      S I B D D S D O E V E
    E E A L Y T O N G E P O J
    C L F Y I L H O L R V O L
    A D O V P G R W C T Y E H
    E N E H I Y L I M A F U A
    P A C E L E B R A T E D A
    C L S L O R A C A V T
    S B A K I N G N E N G
      R E T N I W N A S
        G I F T S
```

◇ ADVENT	◇ CELEBRATE	◇ HOPE	◇ PEACE	◇ TREE
◇ BAKING	◇ FAITH	◇ JOY	◇ RUDOLPH	◇ WINTER
◇ CANDLES	◇ FAMILY	◇ LOVE	◇ SANTA	◇ WONDER
◇ CANDY	◇ FESTIVE	◇ MUSIC	◇ SLEIGH	
◇ CAROLS	◇ GIFTS	◇ NOEL	◇ SNOW	

MUSHROOMS

```
U L S P E R T O R S S B O
T E S T C S Y G H P B E V
E R G G R S N I K U A R E
P O E B T A I O T O K L H
M M A E N T W T W O L G K
U I R K A R O M C E O M O
R U L K E N E A R H A O L
T M E K B A E E E A V R L
K R O S D V T G M K L L E
C E L O B N D H I S F N B
A I W U A E Y L N I O C O
L S F H H N E F I K C Y T
B H C O D S A C I T P N R
W I N E C A P H H A B N O
R R A L U S S U R E D D P
```

◇ BEECH   ◇ ENOKI   ◇ OYSTER   ◇ SNOW EAR

◇ BLACK TRUMPET   ◇ HEDGEHOG   ◇ PORTOBELLO   ◇ STRAW

◇ BUTTON   ◇ MEADOW   ◇ REISHI   ◇ WINE CAP

◇ CHANTERELLE   ◇ MILK   ◇ RUSSULA

◇ CREMINI   ◇ MOREL   ◇ SHIITAKE

```
N E N D E S A J U N E L S
U E Y I S O F P E R G E E
A G A R B T Y T I O Z R N
A M E R D O A U P D Y R A
I P E D C R U H E R N I G
R J T A K O E U P S T U R
T L A C R R A D N Y C Q G
U H A R V E S T M O U S E
N L L Y I T V E R N H U S
B D V E O O G A H C A R U
H A S M M N B L E S M O L
C L R U J M N Y T B S K R
X A S E T M I Y S J T O R
M I T U O G A N C H E Z E
I H C U O C A Y G L R E L
```

◊ ACOUCHI	◊ COYPU	◊ JERBOA
◊ AGOUTI	◊ DEGU	◊ LEMMING
◊ BEAVER	◊ GOPHER	◊ MARMOT
◊ BLACK RAT	◊ GUNDI	◊ NUTRIA
◊ BLESMOL	◊ HAMSTER	◊ SQUIRREL
◊ CAVY	◊ HARVEST MOUSE	◊ ZOKOR

VEGETABLES

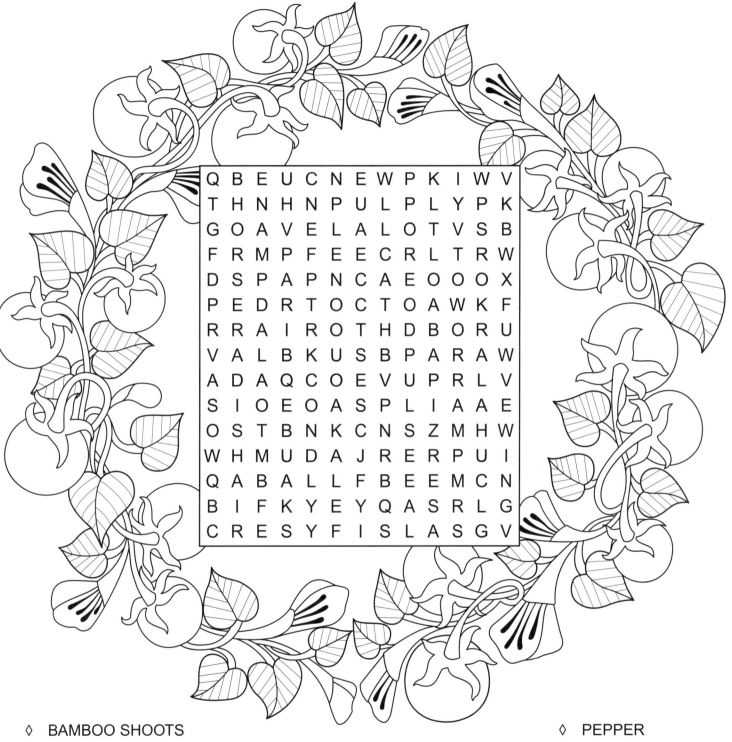

```
Q B E U C N E W P K I W V
T H N H N P U L P L Y P K
G O A V E L A L O T V S B
F R M P F E E C R L T R W
D S P A P N C A E O O O X
P E D R T O C T O A W K F
R R A I R O T H D B O R U
V A L B K U S B P A R A W
A D A Q C O E V U P R L V
S I O E O A S P L I A A E
O S T B N K C N S Z M H W
W H M U D A J R E R P U I
Q A B A L L F B E E M C N
B I F K Y E Y Q A S R L G
C R E S Y F I S L A S G V
```

◊ BAMBOO SHOOTS

◊ BROAD BEAN   ◊ GREENS   ◊ LETTUCE

◊ BROCCOLI   ◊ HORSERADISH   ◊ MARROW

◊ CHARD   ◊ KALE   ◊ OKRA

◊ CRESS   ◊ LENTIL   ◊ PEAS

◊ PEPPER

◊ PULSE

◊ SALSIFY

◊ TOMATO

◊ YAM

```
E S O O G P Y M U T R F D
M F M H L S W A L L O W R
C A A K E A S L E T Y B U
F W I U C W U I N N P U S
K T F A R C R O T O R T G
E N I L I V U Y E S F T G
G U F A Y O U E H A P E O
K L C V E I B L R H N R T
U V I A D E N C T A I F I
S D G D L B R G L U D L U
A L R B E I M P B H R Y Q
E I M F A R L K S O T E S
V U E B P I H S R I A O O
B O V K A M E S E R E T M
S O F S L F E N O R D A N
```

◇ AIRCRAFT   ◇ DRONE   ◇ GOOSE

◇ AIRSHIP   ◇ EAGLE   ◇ HAWK   ◇ MOTH   ◇ SWALLOW

◇ BUMBLEBEE   ◇ FLYING BOAT   ◇ KITE   ◇ ROTORCRAFT   ◇ VULTURE

◇ BUTTERFLY   ◇ GLIDER   ◇ MOSQUITO   ◇ SAILPLANE   ◇ WASP

SHADES OF GREEN

◊ BOTTLE ◊ GRASS ◊ PARIS

◊ BRIGHT ◊ HARLEQUIN ◊ PERSIAN

◊ CAMOUFLAGE ◊ JUNGLE ◊ PISTACHIO

◊ CHARTREUSE ◊ KELLY ◊ SPINACH

◊ EMERALD ◊ KHAKI ◊ TURQUOISE

◊ FOREST ◊ OLIVE ◊ VERDIGRIS

```
K H C A N I P S A T E A D
E Y N D E A B E V S Z L E
I L A G L L A R U E Z S W
P E T S E A G E U R I P D
G A B T M E R N P O Y K Y
C V R I O T V E U F A U V
A Z I I R B R Q M J W O V
M P G A S S R X B E E I E
O N H N I U Q E L R A H R
U C T A T E G K S K I C D
F I N A V M H R E G H A I
L K E I K A J L A R U T G
A F L H K C L B O S B S R
G O N I E Y E G G R S I I
E J E M E R E D L A T P S
```

VARIETIES OF APPLE

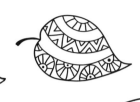

```
I J U F R E R U F E J I A
P I T O Z E T R S C R E B
J A Z Z F A M N W T O J L
A K U H L N P O Y I U X J
G A C L Y N I O N I C M S
G E S O A U H T T A A E N
A P P L O R V E B W R A A
Y S V E H C E E I A R C B
M C M W B A K D T H O K H
Z A K V Y R T O W E L R R
C Y C N B B I E B E L A S
U S O H E F I N T O T H E
O S T I E T E N A N S I G
A R I S K N L N A K A N E
K E B A I L E Y V N E M U
```

◊ AKANE	◊ COX'S	◊ MANTET
◊ ANNURCA	◊ ENVY	◊ MONARCH
◊ BAILEY	◊ FUJI	◊ MUTSU
◊ BRINA	◊ HAWAII	◊ PAULA RED
◊ CAMEO	◊ JAZZ	◊ SONYA
◊ CARROLL	◊ MACHEN	◊ TOPAZ

```
N U G A R A P K L H D T L
O E S E R A V H I A G C E
F P I I L E L M C F Y B G
B A B K A B K Q A Y L R A
R S F M O D U C U L E I B
O T O C A O N C A G E O G
W R Y E I C C I H R E C B
N Y R S E A A E F S C H A
I B E O T D V R A F U E G
E K U Y Y A T A O E U N U
D H R Y R B T F L N B M E
Y F E O F H M O C K K N T
E O T M W M E O R R A A T
M C I A B A T T A T S B E
E M A T T N F E B R E Y E
```

◇ BABKA   ◇ BREAD   ◇ COOKIE   ◇ GHEVAR   ◇ PASTRY

◇ BAGEL   ◇ BRIOCHE   ◇ CRACKER   ◇ KIFLI   ◇ TORTE

◇ BAGUETTE   ◇ BROWNIE   ◇ DACQUOISE   ◇ MACARON

◇ BAKLAVA   ◇ CIABATTA   ◇ FAWORKI   ◇ MUFFIN

```
M A S H E R S M A R T I L
L E N A E N E N C V S L A
B R I A N L L U V C H E H
R A K M I B A V E K E S M
Q U E A T R E N N O T E S
E U T R A V E R S E P S M
C K I D M S V Y E R C U Y
I L O C H Y S E E L I H Y
F A P I K U R S T R O B E
F W F R C C E E O T E Z P
O T E O O T H T L I L W L
X A F N O M I A S L B I A
O C E U D D P N N F A N C
B T S I U O P T E G C G E
F A C A U P N T A Z E S S
```

END ON
places
TRAVERSE
PROMPT FOCUS
NOTES PRESET
QUICK CHANGE
auditorium
DRAMA strobe
WINGS
SCENE SHIFT
cable
CATWALK
MATINEE
GALLERY
BOX OFFICE

L A S E R E G Y T E H T A
S T I L L I R I S E A D D
O T U L I P S M S A M N C
N N S U S D B U E U E A H
G E E S G I O D G S F L R
O T E V R M R F O Z M E I
F O I C A E P L F E M T S
M C H O A R I O L A H S T
Y E T M Y T E R W O D A A
S L S U U H A H E E D W B
E I E D O H I L T A R E E
L A E W L E V A R T S H L
F A L S U T C I V N I T U

◇ *BIRCHES*   ◇ *HARLEM*   ◇ *SOLITUDE*   ◇ *THE RAVEN*   ◇ *TO A MOUSE*

◇ *CHRISTABEL*   ◇ *HOWL*   ◇ *SONG OF MYSELF*   ◇ *THE TYGER*   ◇ *TO CELIA*

◇ *DAFFODILS*   ◇ *INVICTUS*   ◇ *THE WASTE LAND*   ◇ *TRAVEL*

◇ *DREAMS*   ◇ *POWER*   ◇ *STILL I RISE*   ◇ *TULIPS*

```
F A M U R A S K E G E F N
R E I K T H P Y N N R L E
I U I T M D P I L E I C V
E C A E P U N I L I H W A
N F M O Z A S A R A M O H
D A N Z E F X I T A Y A C
S B L L H A R T C S G I F
T E C E T S E C O H W G M
S O L I D R M O L S A N F
S B O U C E L F A R R I I
L N D A F P Y F D N M K C
E C T E S P L E S A T O T
E H A P P I N E S S H O O
P M A Y K L L F L N B C R
U T E V I S I T O R S I T
```

◇ CHATTER	◇ FAMILY	◇ HAVEN	◇ RELAXATION	◇ WARMTH
◇ CLEANING	◇ FRIENDS	◇ MUSIC	◇ SLEEP	◇ WINE
◇ COFFEE	◇ GARDEN	◇ PEACE	◇ SLIPPERS	
◇ COOKING	◇ HAPPINESS	◇ PUZZLES	◇ VISITORS	

```
D A R Y E H L E G U N B U
H E P F D F G R I A U L E
A T S S A Y I E S E B R X
G V N C Q F Z R J N O W V
N S M A U G N P N K U V A
O T F T R E L I L E Y L I
L C D H K A L A R J N E L
D H W A U S F L E A O B G
N O R B E R T A I C Y N A
A S T A B A K O W O U G T
L K V A R M R G R R T G N
Y A I M O O G I U M L T I
A T D I A T T A U N F F T
M L L O L H L W A W E L E
Y A S E N G D N E R P W Y
```

◊ ELLIOTT   ◊ GRIAULE   ◊ RAMOTH

◊ FAFNIR   ◊ IMOOGI   ◊ SCATHA

◊ FALKOR   ◊ KATLA   ◊ SMAUG

◊ FARANTH   ◊ LADON   ◊ STORMFLY

◊ FIRNEN   ◊ MAYLAND LONG   ◊ TINTAGLIA

◊ GLAURUNG   ◊ NORBERTA   ◊ WAWEL

A C T S H C R A N O M E S
G R E G A D E R A O M E O
Y N T O I T E L U V I R L
F E I A P P A U J T I S I
E R N L P E A C O C K B A
S A I I Y O R E C I V R T
D S K T V A E H E C C I W
A S E R I R R L G E D M O
P U P A S L K G C R H S L
U E A I T A L N Y K E T L
A E S U P S C A V W R O A
E M R B L M D H R X M N W
N B M D R O O Y E Y I E S
T E B O A T A C V M T A T
I C O R C H T S O H G O E

◊ BRIMSTONE	◊ DRYAD	◊ HERMIT	◊ PUPA	◊ SWALLOWTAIL
◊ CLEOPATRA	◊ FRITILLARY	◊ MONARCH	◊ RIVULET	◊ VICEROY
◊ COMMA	◊ GHOST	◊ MOTH	◊ SACHEM	
◊ DANAID	◊ GRAYLING	◊ PEACOCK	◊ SKIPPER	

CREATURES OF MYTH AND LEGEND

◊ DRAGON

◊ GIANT

◊ GNOME

◊ GOBLIN

◊ GOLEM

◊ HARPY

◊ HELLHOUND

◊ HYDRA

◊ KELPIE

◊ KRAKEN

◊ LUSCA

◊ NAIAD

◊ PHOENIX

◊ SIREN

◊ SPHINX

◊ TROLL

◊ WEREWOLF

◊ YETI

```
X I N E O H P A R D E F A
U N S E H N D A G T T A R
Y V U L A D F S A N P D D
E O S H E N A T S H O H Y
T G C V O M N I E O B M H
I N P G F A T E A C F Y E
B U A C S U L G R N A S L
C R V I C F O V X I B F L
D K A M G B E N U U S L H
E Y A Y L A I S N E O O O
G H P I T H T E K R B W U
O O N R P I K U T L T E N
I Y L S A A R U K A D R D
B R E E R H O E I P L E K
C U S K M P E N G E F W I
```

◊ BOAT   ◊ CHAIR   ◊ LIZARD   ◊ TIGER

◊ BOW   ◊ CORPSE   ◊ FROG   ◊ LOCUST   ◊ TREE

◊ BRIDGE   ◊ CROW   ◊ HALF MOON   ◊ MOUNTAIN   ◊ TRIANGLE

◊ CAMEL   ◊ DIAMOND   ◊ HAPPY BABY   ◊ PLANK   ◊ WARRIOR

◊ CAT   ◊ DOLPHIN   ◊ HERO   ◊ PLOUGH   ◊ WHEEL

```
M A S E R F H A P E S S R
E G D I R B G C E S H D U
T T N E N E R D T V A E C
N A R L C I U A S I R V O
A S N E M A C Y O M P U N
N E A X B C V D W A E L D
I R E N A L E I T J P A U
M E S T L S E S V O A E C
O S O E C I T C A R P S T
D R U A T A W E L K I E O
B R N E V A D S O E U T R
U T M E L R U E D Y F E L
S P S T N I H F N I G E S
O V Z A T G M A R C A T O
T A W E Z O R E N I E L O
```

◇ BRIDGE

◇ CADENCE

◇ CONDUCTOR   ◇ PITCH   ◇ STAVES   ◇ TREBLE CLEF

◇ DESCANT   ◇ PRACTICE   ◇ SUBDOMINANT   ◇ TWO-STEP

◇ MAJOR KEY   ◇ SHARP   ◇ SUITE   ◇ VIVACE

◇ MARCATO   ◇ STACCATO   ◇ TEMPO   ◇ WALTZ

```
X D Z E G A G G U L H L N
R R O T A R E P O R U O T
B I K I N I C H G X S R A
G G R A Q K R O P E A E X
M M N W D L F K A V N T I
A L H I E Q V X E C V E E
P K G A T O N L T T H D E
S B D J Y U A R X R Y I R
V O I A I G O X D O T U F
I M G A E P J N Z P V G Y
E E Z N S E T S I R U O T
W P T S V Z U B C I C U U
S I A E B E A C H A V O D
R P O S T C A R D T H P O N
N B A S I V L J G Z B Y D
```

◊ AIRPORT   ◊ GUIDE   ◊ POSTCARD   ◊ VIEWS

◊ BEACH   ◊ LUGGAGE   ◊ TAXI   ◊ VISA

◊ BIKINI   ◊ MAPS   ◊ TOUR OPERATOR   ◊ VOYAGE

◊ COACH   ◊ OUTING   ◊ TOURIST

◊ DUTY-FREE   ◊ PASSPORT   ◊ TRAVEL AGENT

```
A Y U L I A C F O T E T R
M S S P E N A S L I F M E
J I M Y G H T N I C A Y H
B A G A S V E B V E K P S
Y D B G R N I M E S E E L
C L I R H G A O C A L T A
R C E P Y L U T L T R U U
E Y A C L O V E R A K N R
H D U Q I A N Y R Q W I E
T O H U K C M Y Y I J A L
A R L E J N K O L P T S L
E D S L I A H L E A P E O
H O N A Y M O L H V G O K
S P E R A W I L T A N E P
B R U E N I B M U L O C G
```

COLUMBINE
LAUREL
OLIVE
DAISY
MARGUERITE
CLOVER Holly
WILLOW
BRYONY
HYACINTH
Petunia DAPHNE
Heather MYRTLE Viola POPPY
TANSY CICELY

```
T I B E T E N R E T F L S
L A R D K U I S U J L N R
A O B O Y A M U O S A Y P
Z P B V D U A N K P D A P
I K N S L O S M E L N F E
R I T L H N H U U T A U R
A N O S O A P T A L G Y W
P G A W O S D L K T E E E
H S P L L C A O S A L R S
A A Y P S I R B W D P T T
L R E M M A D O R M B A L
E A S O G D A S W I O L E
G N N M E D I A R L E O Y
H T A E D B U G R A E L N
O L A Y S T E N A P K Y P
```

◇ ASLAN ◇ DEATH ◇ HODOR ◇ PANTALAIMON ◇ SNAPE

◇ ATREYU ◇ FALKOR ◇ JON SNOW ◇ SABRIEL ◇ TUMNUS

◇ AZIRAPHALE ◇ GANDALF ◇ KING SARAN ◇ SHADOW MOON ◇ WESTLEY

◇ CROWLEY ◇ GOLLUM ◇ MEDIA

DREAMS

◊ ALIENS   ◊ FALLING   ◊ FLOATING   ◊ SINKING

◊ CHASES   ◊ FAMILY   ◊ FLYING   ◊ SWIMMING

◊ FAIRIES   ◊ FANTASY   ◊ MONEY   ◊ THE BOSS

◊ MOTHER   ◊ WEALTH

◊ NEW JOB

◊ RECOGNITION

◊ RICHES

◊ SHEEP

```
K G N I Y L F E R V R O Y
T E G H W O T T R E T A K
M Y S N P Y B E C R O S E
T W G S I A H O A W C E O
Y E N T G T G B J T F S S
C F I F O N A J O A R A I
Y Q M M I A E O I J F H N
S Z M T B L X R L R W C K
A F I S N I I X H F W E I
T O W S D E M N U A V D N
N N S O S N W E A L T H G
A F K B A S G E H L T D O
F A P E E H S Y L I M A F
T S E H C I R M O N E Y J
P E H T Y E W A Z G H E F
```

FISH

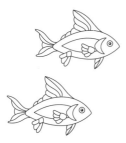

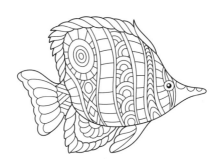

```
L I F M G N I R R E H B W
P U R T E N A E S U L L Y
O E M A B F E L C W H O O
R K O P A V R H H A Y A S
P R A C S U M E C T D T U
O I P D S U M P A R G E H
I W L A S E C T O V A R U
S F A C Y C D K R E H S O
E L S W H A L E E O O A M
R O P U V A F U W R U K E
A U B L W G R G I R Q T T
R N D P A R R D L K U P A
E D I D V I G T I D I J R
N E T A B C C M H K L Y S
Y R A I R U C E E T K E Y
```

◊ BASS	◊ HERRING	◊ PORPOISE
◊ BLOATER	◊ LUMPSUCKER	◊ ROACH
◊ CARP	◊ PARR	◊ RUDD
◊ CHUB	◊ PIKE	◊ SOLE
◊ DACE	◊ PILCHARD	◊ TROUT
◊ FLOUNDER	◊ PLAICE	◊ WHALE

```
Y E R O P A G N I S A D Y
T O R E F O R M C L U B A
U N K B S G G I S U D G B
O O K O R T A P R E N K M
T K C A H H E R A O S A O
R A T S G A V A K R I T B
A T E N I I M G M S B T U
P E A T I C N A I E U U T
E H G E D O N D S M R C A
S S G L H S N A N N E L I
S E O A R I B O R N I A D
A T F V R A D E A F O C N
P A B B R N L U F U N Y I
N E W Y O R K I D E U A S
G A L L T A X A T E A N S
```

◇ AOUDA   ◇ FIX   ◇ LONDON   ◇ SAN   ◇ STEAMER
                                                 FRANCISCO
◇ BOMBAY   ◇ FOGG   ◇ NEW YORK   ◇ VALET
                                              ◇ SHANGHAI
◇ BRINDISI   ◇ HONG KONG   ◇ PASSEPARTOUT   ◇ YOKOHAMA
                                              ◇ SINGAPORE
◇ CALCUTTA   ◇ INDIA   ◇ REFORM CLUB

SOLUTIONS

1

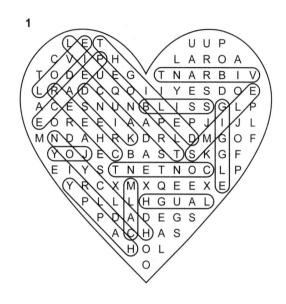

2

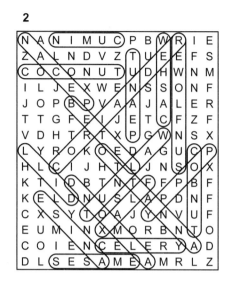

3

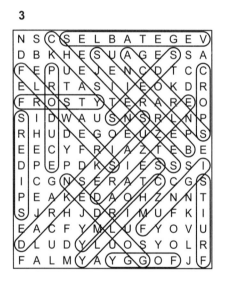

4

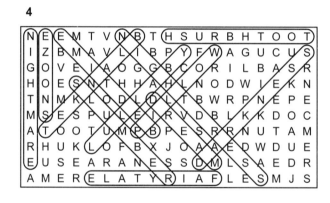

5

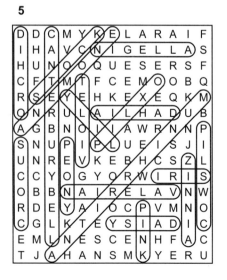

6

7

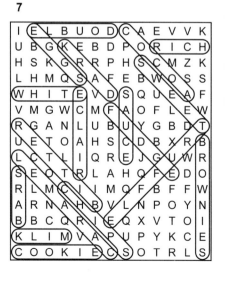

SOLUTIONS

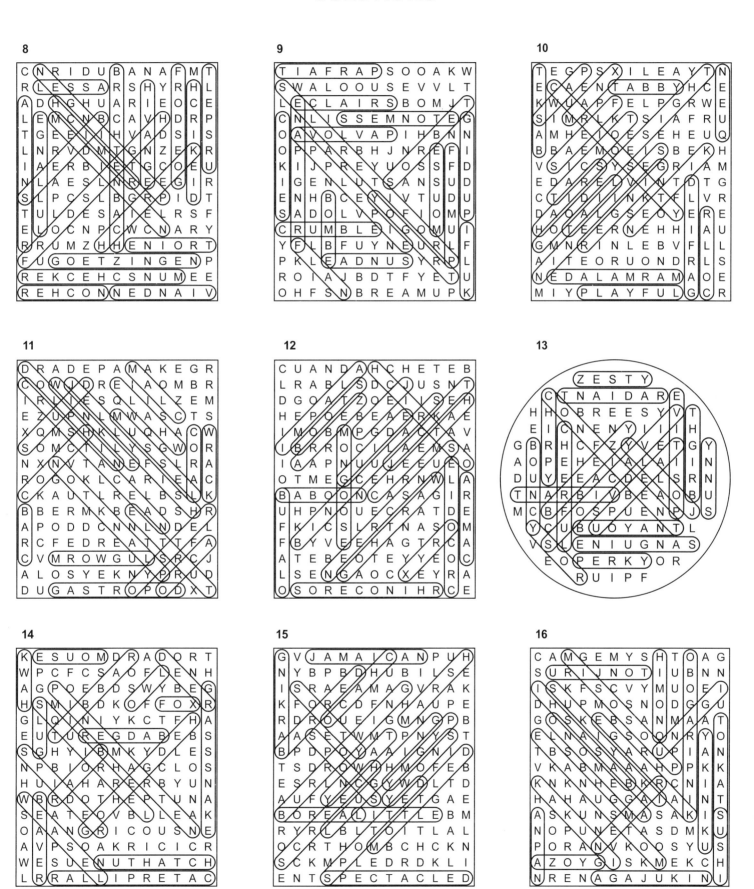

SOLUTIONS

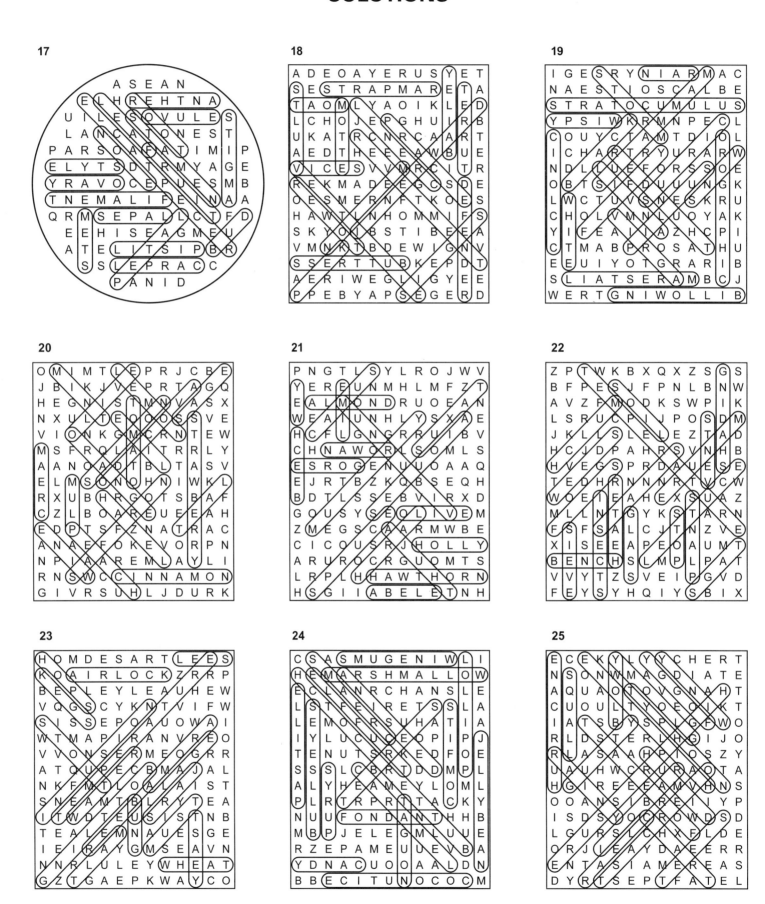

SOLUTIONS

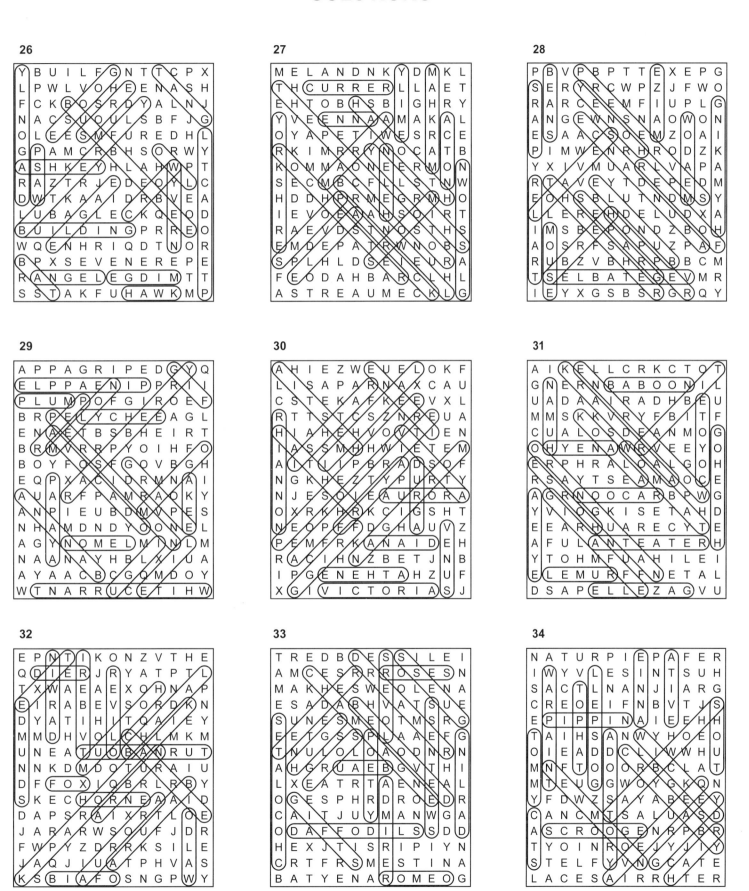

SOLUTIONS

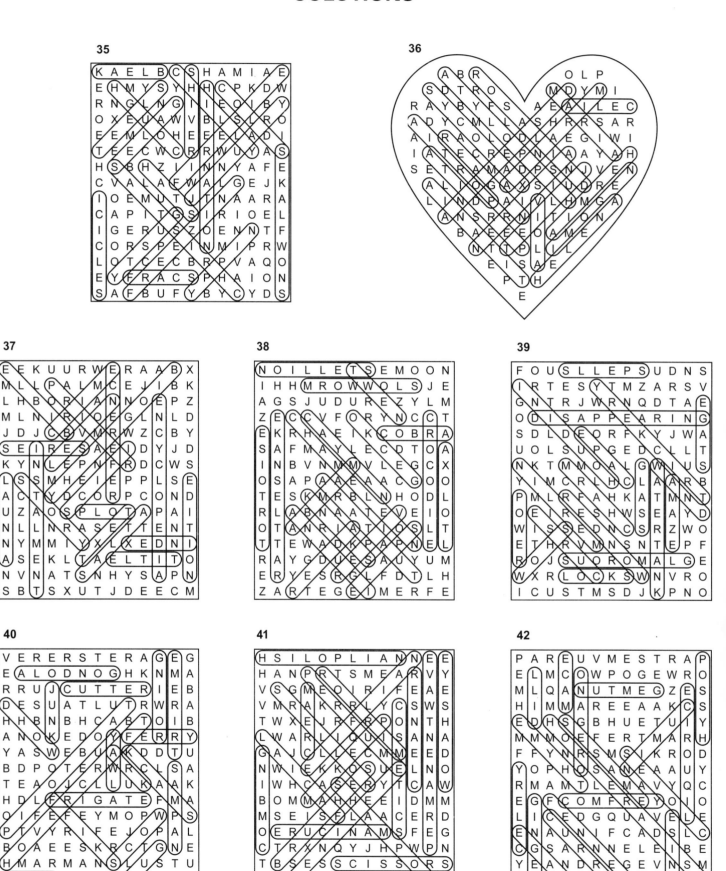

SOLUTIONS

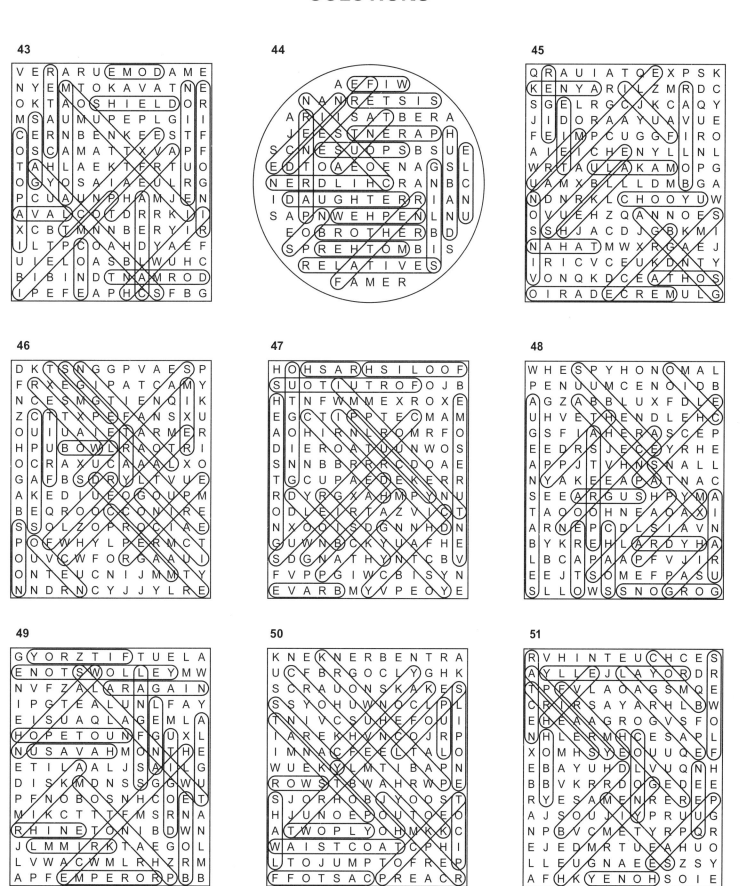

SOLUTIONS

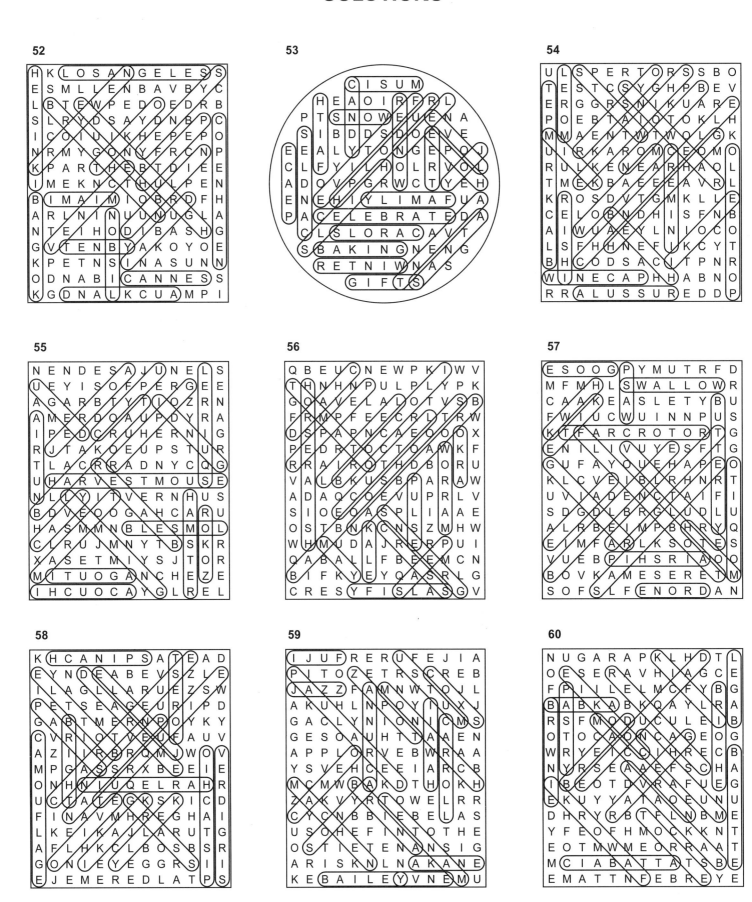

SOLUTIONS

61

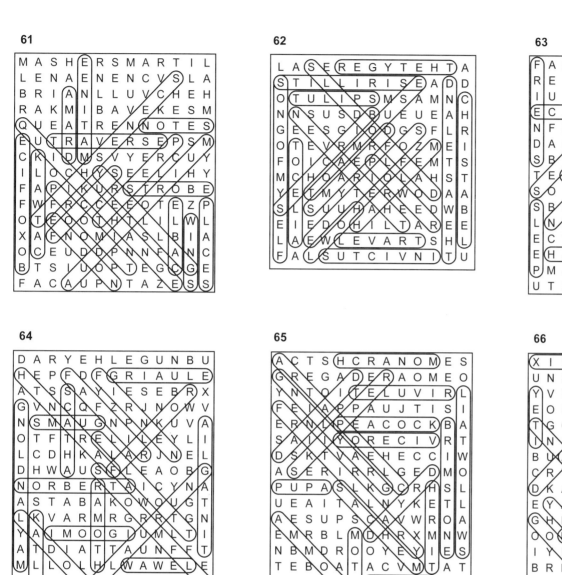

62

63

64

65

66

67

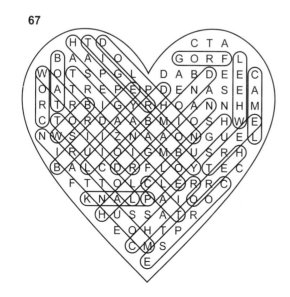

68

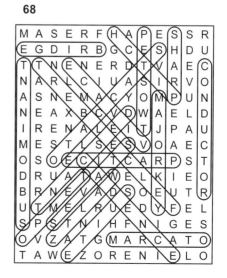

SOLUTIONS

69

```
X D Z E G A G G U L H L N
R R O T A R E P O R U O T
B I K I N I C H G X S R A
G G R A Q K R O P E A E X
M M N W D L F K A V N T I
A L H I E Q V X E C V E E
P K G A T O N L T H D I E
S B D J Y U A R X R Y U R F
V O I A I G O X D O T U F
I M G A E P J N Z P V G Y
E E Z N S E T S I R U O T
W P T S V Z U B C I C U U
S I A E B E A C H A V O D
R P O S T C A R D T H P O
N B A S I V L J G Z B Y D
```

70

```
A Y U L I A C F O T E T R
M S S P E N A S L I F M E
J I M Y G H T N I C A Y H
B A G A S V E B V E K P S
Y D B G R N M E S E E L
C L I R H G A O C A L T A
R C E P Y L U T L T R U U
E Y A C L O V E R A K N R
H D U Q I A N Y R Q W I E
T O H U K C M Y Y I J A L
A R L E J N K O L P T S L
E D S L I A H L E A P E O
H O N A Y M O L H V G O K
S P E R A W I L T A N E P
B R U E N I B M U L O C G
```

71

```
T I B E T E N R E T F L S
L A R D K U I S U J L N R
A O B O Y A M U O S A Y P
Z I P B V D U A N K P D A P
I R A P K N S L O S M E L N F
R I T L X H H U U T A U R
A N O S C A P T A L G Y W
P G A W O S D L K T E E
H S P L L C A D S A L R
A A Y P S I R B W D P T T
L R E M M A D O R M B A L
E A S O G D A S W I O L E
G N N M E D I A R L E O V
H T A E D B U G R A E L N
O L A Y S T E N A P K Y P
```

72

```
K G N I Y L F E R V R O Y
T E G H W O T T R E T A K
M Y S N P Y B E C R O S E
T W G S I A H O A W C E O
Y E N T G T G B J T F S S
C F I F O N A J O A R A I
Y Q M M I A E O I J F H N
S Z M T B L X R L R W C K
A F I S N I I X H F W E I
T O W S D E M N U A V D N
N N S O S N W E A L T H G
A F K B A S G E H L T D O
F A P E E H S Y L I M A F
T S E H C I R M O N E Y J
P E H T Y E W A Z G H E F
```

73

```
L I F M G N I R R E H B W
P U R T E N A E S U L L Y
O E M A B F E L C W H O O
R K O P A V R H H A Y A S
P R A C S U M E C T D T U
O I P D S U M P A R G E H
I W L A S E C T O V A R U
S F A C Y C D K R E H S O
E L S W H A L E E O O A M
R O P U V A F U W R U K E
A U B L W G R G I R Q T T
R N D P A R R D L K U P A
E D I D V I G T I D I J R
N E T A B C C M H K L Y S
Y R A I R U C E E T K E Y
```

74

```
Y E R O P A G N I S A D Y
T O R E F O R M C L U B A
U N K B S G G I S U D G B
O O K O R T A P R E N K M
T K C A H H E R A O S A O
R A T S G A V A K R I T U
A T E N I I M G M S B T T
P E A T I C N A I E U U A
E H G E D O N D S M R C L
S S G L H S N A N N E L A
S E O A R I B O R N I A C
A T F V R A D E A F O N I
P A B B R N L U F U N Y I
N E W Y O R K I D E U A S
G A L L T A X A T E A N S
```